김창훈 교수 강해설교 시리즈 ❸

하나님의 선물
율법

율법의
하나님 중심적 이해와 적용

The Law of
The Old Testament _
Its Meaning
and Application

김창훈 교수 강해설교 시리즈 ❸

하나님의 선물
율법
율법의
하나님 중심적 이해와 적용

발행자 • 2018. 9. 15.

저 자 • 김창훈
발행인자 • 김미정

펴낸곳자 • 호밀리아
출판등록자 • 25100-2011-000033호
서울 노원구 상계2동 1282 상계2차 중앙하이츠 201-2002
총판처 • CLC 영업부 031)942-8761

가격은 표지 뒤에 있습니다.
잘못 만들어진 책은 바꾸어 드립니다.
이 책은 저작권법의 보호를 받는 저작물이므로 무단전재 및 무단복제를 금합니다.

머리말

구약 율법에 대한 필자의 관심은 신학대학원 시절부터 시작되었다. 신학을 배우면서 필자는 한국 교회가 율법에 대해 많이 오해하고 있음을 알게 되었다. 그 율법에 대한 관심은 유학 시절에도 이어졌다. 율법을 좀 더 바르고 온전하게 이해하기 위해 필자는 미국 칼빈 신학교(Th.M.)에서 율법을 주제로 학위 논문을 쓰기도 하였다 ("The Exegetical Study of Deuteronomy 6:20-25 for the Understanding and Application of the Law"). 그 후로 늘 율법의 바른 이해와 적용에 대해 글을 쓰고 싶었고, 율법을 하나님 중심적으로 설교하고 싶은 바람이 있었다. 이제 하나님께서 그 소원을 이루게 하셨다. 빚을 갚은 자의 후련하고 감사한 마음이 있다.

필자의 판단으로 율법에 대한 오해는 크게 두 가지다. 하나는 많은 성도들이 율법을 부정적으로 인식하고 있다는 것이다. 대표적인 예를 들어, 교회에서 원리적이고 고지식하게 어떤 일들을 결정하고 처리하는 분을 '율법적이다'고 칭할 때가 많다. 그것은 바른 표현이 아니다. '성경적'이라는 말이 좋은 의미를 내포하고 있는 것과 같이, '율법적'이라는 말도 좋은 의도에서 사용해야 한다. 사도 바울이 말한 것처럼 '율법주의(legalism)'가 문제가 있는 것이지, 율법 자체는 거룩하고 의롭고 선한 것이다(롬 7:12). 다음으로, 구약의 율법이 신약에 사는 우리와는 별로 상관없는 것으로 오해하기도 한다. 구약은 율법의 시대이고, 신약은 복음의 시대이기 때문에 신약에 사는 우리는 구약의 율법과 크게 상관없다는 것이다. 또한 어떤 분들은 구약의 율법을 도덕법, 시민법 그리고 의식법으로 나누어서 십계명과 같은 도덕법은 오늘날 우리들에게 그대로 적용되지만, 시민법과 의식법은 그렇지 않다고 주장하기도 한다. 그것도 역시 잘못된 것이다. 율법은 비록 예수님께서 오시기 전에 구약의 백성들에게 주어졌지만 율법의 모든 부분은 신약에 사는 우리에게도 의미가 있고 또한 적용된다. 물론 율법이 문자 그대로 적용되지 않는 경우가 많다. 하지만 율법을 주신 하나님의 근본적인 의도는 오늘날 우리에게도 그대로 적용된다. 본서를 통해 필자는 율법이 얼마나 거룩하고 의롭고 선한 것인지 드러내고자 하였고, 또한 율법의 근본적인 의도를 발견하여 우리의 신앙과 삶에 구체적으로 적용하고자 나름 최선을 다했다.

본서에 실려 있는 설교는 필자가 섬기고 있는 서울 광염교회에서 방학 때마다 설교한 것을 정리한 것이다. 기쁨과 감사함으로 말씀의 씨를 뿌릴 수 있는 기회를 허락하신 교회와 목사님께 감사드린다. 율법을 설교하면서 설교자로서 필자가 받은 은혜가 참으로 크다. 그 은혜가 독자들에게 그대로 전달되었으면 한다. 본서를 통해 독자들이 율법이 하나님의 선물이요 은혜의 결과임을 알기 원한다. 또한 영원토록 변함없는 하나님의 말씀인 율법의 의미와 교훈을 바르고 온전히 깨닫고 신앙과 삶의 변화가 있기를 소원한다.

김 창 훈

차 례

1. 출애굽기 20:22-26
   하나님이 기뻐하시는 믿음과 예배 _ 7

2. 출애굽기 21:1-11
   대인관계의 수준을 높이자 _ 23

3. 출애굽기 21:12-17
   우리는 존귀한 자들입니다 _ 37

4. 출애굽기 21:18-25
   손해보상법 _ 53

5. 출애굽기 21:26-36
   오직 한 번뿐인 우리의 인생 _ 69

6. 출애굽기 22:1-15
   그 손으로 선한 일을 하라 _ 87

7. 출애굽기 22:16-20

　　부부 사랑, 하나님 사랑 _ 103

8. 출애굽기 22:21-31

　　하나님을 경외하는 다양한 방법들 _ 119

9. 출애굽기 22:29-31

　　은혜와 사랑에 감사함으로 _ 135

10. 출애굽기 23:1-9 (I)

　　모든 상황에서 모든 사람에게 _ 151

11. 출애굽기 23:1-9 (II)

　　사랑 안에서 _ 165

12. 출애굽기 23:10-13

　　안식년, 희년, 안식일 _ 181

13. 출애굽기 23:14-33

　　더 큰 은혜와 복을 위해 _ 201

출애굽기 20:22-26
하나님이 기뻐하시는 믿음과 예배

우리가 '구약의 율법'이라고 할 때, 그것은 크게 두 가지로 구분됩니다. 하나는 넓은 의미의 율법이고, 다른 하나는 좁은 의미의 율법입니다. 일반적으로 넓은 의미의 율법은 모세 오경 전체를 의미하고, 좁은 의미의 율법은 모세 오경 가운데 역사적인 기록을 제외한 부분을 의미합니다. 다시 말해, 좁은 의미의 율법은 출애굽기 19:1~민수기 10:10과 신명기 5~26장에 언급된 이스라엘의 믿음과 삶을 위한 실제적이고 구체적인 지침들을 말합니다. 그 속에는 성막과 제사 제도 등에 대한 지침들이 포함되어 있습니다. 이번에 제가 연속적으로 설교하고자 하는 것은 좁은 의미의 율법입니다.

구약의 율법을 읽어보셔서 아시겠지만, 구약의 율법은 읽기도 지루하고, 그 의미를 바로 이해하고 파악해서 우리의 삶에 적용하기도 쉽지 않습니다. 당연히 설교하기도 쉽지 않습니다. 저는 설교를 요리에 비유할 수 있다고 생각하는데, 율법을 설교하는 것은 주부가 딱딱하고 먹기에 쉽지 않은 음식을 요리하는 것과 비슷합니다. 그런데 저는 수요일 밤 예배에 참석하신 성도님들은 건강하시고 식성이 좋으시기 때문에 먹기 쉽지 않은 음식도 잘 먹을 수 있으리라

믿고 설교하기로 했습니다. 아멘이죠?

율법에 대한 오해

이번에 제가 율법 부분을 설교하기로 결정한 것은 우리 성도들에게 성경의 중요한 부분 가운데 하나인 율법에 대한 바른 이해와 깨달음이 필요하다고 판단했기 때문입니다. 율법에 대한 크게 두 가지의 오해가 있습니다. 먼저, 많은 성도들은 율법을 부정적으로 인식하고 있습니다. 대표적인 예를 들면, 성도 가운데 너무 원리적이고 고지식하게 그리고 곧이곧대로 어떤 일들을 결정하고 처리하는 분을 대개 '율법적이다'고 규정합니다. 여러분, 그것이 바른 평가라고 생각하십니까? 그렇지 않습니다. '성경적'이라는 말이 좋은 의미를 내포하고 있는 것과 같이, '율법적'이라는 말도 좋은 의도에서 사용해야 합니다. 사도 바울이 말씀한 것처럼 '율법주의(legalism)'가 문제가 있는 것이지, 율법 자체는 거룩하고 의롭고 선한 것입니다(참고. 롬 7:12). 이번 설교를 통해 우리는 율법이 얼마나 거룩하고 의롭고 선한 것인지 확인할 수 있을 것입니다. 다음으로, 율법이 신약에 사는 우리와는 상관없는 것으로 오해되는 경우가 있습니다. 구약은 율법의 시대이고 신약은 복음의 시대이기 때문에 신약에 사는 우리는 구약의 율법과 크게 상관없다는 것입니다. 어떤 분들은 구약의 율법을 도덕법, 시민법 그리고 의식법으로 나누어서 십계명과 같은 도덕법은 오늘날 우리들에게 그대로 적용되고, 시민법과 의식법은 오늘날 우리들에게 적용되지 않는다고 주장하기도 합니다. 그것도 역시 잘못된 것입니다.

율법은 비록 예수님께서 오시기 전에 구약의 백성들에게 주어졌지만 율법의 모든 부분은 신약에 사는 우리에게도 의미가 있고 또한 적용됩니다. 물론 문자 그대로 적용되지는 않습니다. 앞으로 율법의 각각의 명령들을 살펴보면서 확인하겠지만, 율법을 이해하고 적용할 때 가장 중요한 것은 모든 율법에서 그 율법을 주신 하나님의 근본적인 의도를 찾는 것입니다. 그리고 그 근본 의도를 오늘날 우리에게 적용하는 것입니다. 그런데 율법 전체를 다 살펴보는 것이 시간적으로 힘들기 때문에, 이번에는 오늘 본문에서부터 출애굽기 23장까지의 명령들에 나타난 하나님의 의도와 우리에게 주는 교훈이 무엇인지 함께 살펴보면서 은혜를 나누기 원합니다.

언약서(The Book of Covenant)

출애굽한 후에 이스라엘은 놀라운 기적들을 경험하면서 시내 산에 도착했습니다. 그 때 하나님께서 모세를 여러 차례 부르셔서 그들에게 필요한 말씀(율법)을 주셨습니다. 그런데 하나님께서 시내 산에서 첫 번째 주신 율법이 출애굽기 20장에서 23장까지 기록되어 있습니다. 시내 산에서 첫 번째 주어진 율법은 이후에 주어지는 모든 율법의 원형이요 핵심이라고 할 수 있는데, 그것은 크게 두 부분으로 나누어집니다. 하나는 '십계명'이고, 다른 하나는 소위 '언약서' 또는 '언약의 책'(출애굽기 24:7에서 그렇게 표현하기 때문에 그대로 사용하고 있습니다)입니다. 십계명이 원칙적인 것을 짧게 명령했다고 하면, 언약서는 십계명을 좀 더 구체적으로 설명하고 실제적으로 적용하였다고 할 수 있습니다. 이번에 우리는 뒷부분인

언약서를 집중적으로 살펴보겠습니다. 왜냐하면, 언약서에는 우리에게 생소하고 이해하기 쉽지 않은 내용이 많이 있고, 또한 실제적으로 십계명의 내용을 포함하고 있기 때문입니다.

우상 숭배의 유혹

이제 본문을 보겠습니다. 23절입니다.

> 너희는 나를 비겨서 은으로나 금으로나 너희를 위하여 신상을 만들지 말고

하나님께서는 무엇보다도 먼저 나를 비겨서 은이나 금으로 신상을 만들지 말라고 명하십니다. 여기에서 "나를 비겨서"라는 말은 히브리어로 이티('אתי')인데, 인정할만한 영어 성경에서 두 가지로 번역되어 있습니다. 즉, '나 외에'(beside me, besides me JB, NASB) 또는 '나와 함께(또는 나와 나란히)'(with me, alongside me KJV, NRSV)입니다. 물론 두 번역이 전혀 다른 의미를 표현하는 것이 아니고 겹치는 부분도 있지만, 약간의 다른 의미를 내포하고 있습니다.

저는 본문이 실제로 두 의미를 모두 포함한다고 생각합니다. 좀 더 구체적으로 살펴보겠습니다. 먼저, '나를 비겨서 은이나 금으로 신상을 만들지 말라'는 말씀은 하나님 외에 어떤 다른 우상을 만들어 섬기지 말라는 말씀입니다. 고대 근동 지방에서는 해나 짐승이나 물고기나 새 등 자연만물을 신성시해서 그것들의 형상을 만들어 숭배하는 풍습이 널리 퍼져 있었습니다. 자연을 숭배하는 일종의

'토테미즘(totemism)'이라고 할 수 있습니다. 이스라엘도 그 유혹에 빠질 가능성이 많았습니다. 그 대표적인 예가 출애굽기 32장에 기록되어 있습니다. 이스라엘은 금송아지를 만들어 하나님을 대신하려고 했던 것입니다.

오늘날도 그런 분들이 종종 있습니다. 일출을 보면서 경외심을 보이고 손을 합장하는 분들이 있습니다. 시무식이나 개업식을 하면서 돼지머리를 놓고 소원을 빌기도 합니다. 그러나 과거와는 다르게 요즘에는 자연물이나 짐승을 신성시하면서 우상숭배를 하는 경우는 그렇게 많지 않은 것 같고, 특히 우리 가운데 그런 분들은 없을 것입니다.

그러면 이 말씀이 우리와 상관있습니까? 그렇지 않습니다. 오늘날 우리들에게도 하나님 외의 것을 섬기는 우상숭배의 위험과 유혹은 항상 있습니다. 왜냐하면, 우리가 잘 아는 것처럼, 우상은 기본적으로 하나님 외에 또는 하나님보다도 더 관심을 갖고 섬기고 사랑하는 모든 것을 의미하기 때문입니다. 예를 들어, 돈, 명예, 쾌락 등이 우리의 우상이 될 가능성이 아주 높습니다. 우리는 주변에서 돈이나 명예나 쾌락이 삶의 최고의 관심인 분들을 쉽게 찾아 볼 수 있습니다. 그분들은 모두 우상숭배를 하는 분들입니다. 그런데 신약성경을 보면, 아주 명시적으로 우상숭배의 예를 언급한 본문들이 있습니다. 그것은 에베소서 5:5과 골로새서 3:5인데, 거기를 보면 대표적으로 '탐심'이 우상숭배라고 선언합니다. 아마 탐심이 하나님 외에 또는 하나님보다도 더 관심을 갖고 사랑하게 하는 근본적인 원인이 되기 때문에 그렇게 단정적으로 말씀한 것이 아닐까 생각합니다.

그러면 탐심이란 무엇입니까? 예수님께서 탐심이 무엇인지 구체적인 실례를 보여주셨습니다. 누가복음 12장을 보면 예수님께서 "삼가 탐심을 물리치라"고 하시면서 한 부자 이야기를 하십니다. 한 부자가 있는데 밭의 풍성한 소출을 보면서 작은 창고를 헐고 그 모든 곡식을 다 보관할 수 있는 큰 창고를 짓습니다. 그리고 곡식을 쌓아 두면서 이제 여러 해 동안 쓸 것을 많이 쌓아 두었으니 먹고 마시고 즐거워하자고 했습니다. 그러면서 결론에서 그 사람을 자기를 위하여 재물을 쌓아두고 하나님께 부요치 못한 자라고 말씀합니다. 그 사람이 바로 탐심의 사람이라는 것입니다. 이 예수님의 비유에 의하면, 하나님을 전혀 생각지 않고 자기 자신만을 위해 추구하는 모든 것은 탐심이라고 할 수 있습니다. 본문에서도 우상을 만들지 말라고 하시면서, '너희를 위하여' 라는 구절이 명시되어 있습니다. 우상숭배의 기본 개념은 바로 우리 자신만을 위한 것입니다.

그러니까 우상숭배가 멀리 있는 것이 아닙니다. 우리도 얼마든지 우상숭배를 할 수 있습니다. 우리가 신앙생활하고 살아가면서 하나님을 전혀 생각지 않고 그 자체가 목적이 되어서 어떤 것을 구하고 원할 때 또는 그것이 나만을 위한 것이 될 때 그것이 우상숭배입니다. 예를 들어보겠습니다. 청년들, 결혼하고 싶잖아요. 그렇죠? 그런데 결혼이 우상이 될 수 있습니다. 결혼 자체가 목적이 되고 그것이 나 자신만을 위한 것이라면 그것은 당연히 우상입니다. 그러니까 결혼이 우상이 되지 않으려면 이러한 마음 자세와 기도가 필요합니다.

"하나님, 결혼해서 배우자와 함께 하나님의 뜻을 이루며, 하나님께서 원하시고 하나님을 드러내는 가정 그리고 하나님께 영광을 돌리는 가정을 이루겠습니다. 좋은 배필을 만나게 해 주십시오."

다른 부분도 마찬가지입니다. 이런 마음의 자세가 필요합니다.

"하나님, 명예를 주십시오. 그것을 통해 주님의 이름을 높이겠습니다."

"하나님, 물질을 주십시오. 그것으로 주님을 위해 이웃을 위해 일하겠습니다."

사랑하는 성도 여러분,

우리가 원하고 추구하는 모든 것은 주님과 다른 사람들을 위한 수단이요 도구요 과정이 되어야 합니다. 그것 자체가 목적이 되거나 내 자신만을 위한 것이 되어서는 안 됩니다. 그것이 우상숭배를 하지 않는 것입니다.

하나님을 형상화하는 위험

그리고 '나를 비겨서' 은이나 금으로 신상을 만들지 말라는 말씀의 또 하나의 의미는 하나님을 형상화하여(또는 어떤 모양으로 만들어: 이것이 '하나님과 함께' 또는 '하나님과 나란히'의 의미입니다)섬기지 말라는 것입니다.

당시 가나안 지방에는 신전마다 그들이 상상하는 어떤 모습으로 바알과 아세라 상을 만들고 벽에 그림을 그려 그것들을 숭배하였습니다. 그들이 이렇게 바알과 아세라 신을 형상화하는 주된 이유는 보이지 않는 신을 섬기는 자신들의 신앙과 삶에 대한 불안감 때문이었습니다. 일반적으로 우리 인간은 무언가 눈에 보여야 안심이 됩니다. 그렇지 않습니까? 그러니까 이방인들이 신앙생활과 삶에 대한 불안감 때문에 그들이 믿는 신의 형상을 가시적으로 만들어 섬겼던 것처럼, 이스라엘도 그런 유혹이 얼마든지 있을 수 있었습니다. 그러나 그렇게 하지 말라는 것입니다.

그러면 왜 하나님께서 하나님을 형상화하여 섬기지 말라고 명하셨습니까?
그것은 우리의 믿음과 하나님에 대해 심각한 오해와 왜곡을 가져오기 때문입니다. 성경에서 말씀하는 믿음의 본질 가운데 하나는 육안(肉眼)으로 보이지 않는 하나님을 믿고 섬기는 것입니다. 성경은 우리가 섬기는 하나님은 영이시다고 말씀합니다. 뿐만 아니라 죽은 다음에 우리가 가게 될 천국도 지금 당장 육안으로는 보이지 않습니다. 하지만 하나님께서 너무도 분명하고 확실하게 말씀하고 계시기 때문에 우리는 직접 보는 것만큼 분명히 믿습니다. 그래서 예수님께서도 "보지 않고 믿는 자가 보고 믿는 자보다 복되다"고 말씀하신 것입니다.

여러분, 육안으로 보이고 손에 잡히는 것을 못 믿을 사람이 얼마나 있겠습니까? 우리는 비록 육적인 눈으로 보이지 않지만 하나님께서 살아계셔서 우리의 필요를 채워주시고 우리를 선하게 인도하실 것을 믿기에 우리는 어떠한 상황에도 불안해하지 않고 평안할 수 있습니다. 그런데 하나님을 형상화하는 것은 그러한 믿음의 본질에 배치되는 것입니다.

또한 하나님을 형상화시키는 것은 하나님을 극히 제한시키는 것입니다. 만약 하나님의 한 부분을 나타내는 그림을 그려놓고 예배를 드린다고 합시다. 만들겠습니까 우리의 머리에는 그 하나님만으로 채워져 있을 것입니다. 또한 만약 우리가 돌이나 나무로 하나님의 모습을 만들어서 섬긴다고 합시다. 만들겠습니까 어떤 모습으로 만들겠습니까? 그것은 자신이 원하는 모습이나 자신이 생각하는 모습으로 하나님을 만들 것입니다. 이것은 자신의 경험과 생각으로 하나님을 제한하는 것이고, 자신의 방식대로 하나님을 섬기는 것입니다. 물론 우리 하나님은 우리의 삶 속에서 실제적으로 경험할 수 있고, 우리의 이성과 사고를 통해 어떤 일을 계획하는 것도 신앙생활에서 필요한 부분입니다. 그러나 우리가 섬기는 하나님은 우리의 경험과 이성과 생각에 제한되는 분이 아니십니다. 우리 하나님은 우리가 다 이해하고, 다 측량하고, 다 알 수 없는 무한하시고 영원하신 하나님이신 줄 믿습니다.

그러면 이 말씀을 구체적으로 어떻게 우리에게 적용할 수 있겠습니까? 이 말씀을 통해서 우리는 무한하시고 영원하신 하나님을 우리의 입맛에 맞춰 제한해서 섬겨서는 안 된다는 것을 다시 한 번 기억해야 합니다. 예를 들어, 기도할 때 "언제까지 그리고 어떤 것을 해 주십시오"라고 하면서 하나님께 떼를 쓰는 사람들이 있습니다. 그러나 그것은 하나님을 제한하는 것이고 우리의 생각과 계획에 하나님을 가두는 것입니다. 그렇게 해서는 안 됩니다. 실제로 우리는 신앙생활을 하면서 하나님께서 어떤 일을 막으시고 안 되게 하실 때 또는 우리가 원하는 것보다 늦게 이루어주실 때, 더 좋고 더 완전한 것을 주시고 더 좋은 길로 인도하시는 주님을 얼마나 많이 경험합니까?

사랑하는 성도 여러분, 우리는 신앙생활하면서 우리의 경험과 이성과 사고를 초월하시고 무한하신 하나님을 인정하고 받아들이는 것이 필요합니다. 그렇기 때문에 하나님을 형상화하여 제한하는 것을 극히 조심해야 합니다. 그렇기 때문에 십자가 목걸이를 착용하거나, 교회나 가정에 십자가를 달거나, 소위 성화를 부착하거나 어떤 상(像)을 놓는 것도 조심해야 합니다. 왜냐하면 그 자체가 어떤 능력을 행하는 것으로 착각하고 의지할 수 있으며(그래서 우리 교단에서는 교회에 십자가를 부착하는 것을 금지하고 있습니다), 그 이미지로 하나님을 제한할 가능성이 있기 때문입니다.

마음으로 드리는 예배

이제 24-26절을 보겠습니다.

내게 토단을 쌓고 그 위에 네 양과 소로 네 번제와 화목제를 드리라. 내가 내 이름을 기념하게 하는 모든 곳에서 네게 임하여 복을 주리라. 네가 내게 돌로 제단을 쌓거든 다듬은 돌로 쌓지 말라. 네가 정으로 그것을 쪼면 부정하게 함이니라. 너는 층계로 내 제단에 오르지 말라. 네 하체가 그 위에서 드러날까 함이니라.

24-26절은 이스라엘이 하나님께 드려야 할 예배와 관련한 지침입니다. 그러면 본문은 예배와 관련하여 어떤 명령을 하셨습니까? 크게 두 가지를 명령합니다.

먼저, 토단(흙으로 단)을 쌓으라고 합니다. 그리고 돌로 쌓거든 다듬지 않은 돌(즉, 자연 그대로의 돌)로 단을 쌓으라고 합니다(참고. 신 27:6). 다음으로, 층계로 내 단을 오르내리지 말라고 합니다. 그 이유는 하체가 드러날 가능성이 있기 때문이라는 것입니다.

그러면 하나님께서 이 두 가지를 명령하신 근본적인 의도는 무엇입니까? 그것은 크게 두 가지라고 생각합니다. 하나는 정교한 제단은 자칫 우상화될 가능성이 있었기 때문이었습니다. 당시 가나안 종교에서는 제단 자체에 목적을 두고 정교하게 돌을 다듬어 단을 쌓았고, 그것을 우상화하였다고 합니다. 하나님께서는 그것을 원치 않으셨습니다. 물론 이 말씀은 제단을 아름답게 꾸미지 말라거나 단순히 있는 모습 그대로 또는 자연적인 상태로 방치해 두면서 하나님을 예배하라는 것으로 착각해서는 안 됩니다. 나중에 성막이나 솔로몬의 성전을 건축할 때, 하나님께서 최고의 것으로 최선을 다해 아름다운 모습으로 지으라고 명령했던 것을 보면 그러한 의도로 말씀하지 않았다는 것을 쉽게 알 수 있습니다. 이 명령이 주는 교훈은 제단의 외형적인 모습에 치중하다 예배의 본정신을 상실하는 잘못을 범하지 말라는 것입니다. 다시 말해, 외적인 모습이나 형식보다는 마음을 다하는 예배를 하나님께 드리라는 것입니다.

여러분, 아주 쉬운 질문하나 하겠습니다. 여러분들을 무시하는 것 같아 죄송한 생각이 드는데, 우리 어린 아이같이 대답해 봅시다. 하나님께서 천막에서 드리는 예배를 더욱 기쁘게 받으실까요? 아니면 미국에서 가장 화려하고 멋있는 교회라고 하는 수정교회에서 드리는 예배를 더 기쁘게 받으실까요? 물론 깨끗하고 아름다운 교회에서 예배드리면 좋겠죠? 그러나 예배당 건물 자체는 중립적입니다. 중요한 것은 우리의 마음으로 드리는 예배입니다. 십자가의 은혜에 감사하면서 주님을 사랑하는 마음으로 감격 속에서 드려지는 예배, 그 예배를 우리 하나님이 받으십니다. 주일에 옷 입는 것도 마찬가지입니다. 가능하면 깨끗하게 예쁘게 차려 입어야 합니다. 그러나 그것 자체가 중요한 것은 아닙니다. 기도도 마찬가지입니다. 물론 적절하고 품위 있는 언어로 기도하는 것이 좋습니다. 그러나 진정으로 중요한 것은 마음으로 간절히 드리는 기도입니다. 성가대의 찬양도 마찬가지입니다. 물론 아름다운 화음과 뛰어난 음악성이 있으면 좋죠. 그러나 그것이 본질적이고 중요한 것은 아닙니다. 훌륭한 음악성보다는 어떤 마음으로 찬양하느냐가 중요합니다.

그런데 신앙생활의 모든 부분도 마찬가지지만 예배에 있어서도 하나님께서 마음을 가장 중요하게 여기신다는 것은 복음이 아닐 수 없습니다. 왜냐하면, 적은 사람들이 모여도, 예배당이 그럴듯하지 못해도, 언변이 부족해서 화려하게 기도하지 못해도, 음악성이 없어 탁월하게 찬양하지 못해도 우리의 마음으로 예배를 드리면 하나님께서 받으신다는 것은 우리 대부분의 사람들에게 소망이요 기쁨이요 감사한 일입니다. 외적인 조건을 다 갖추어서 예배를 드려야만 하나님께서 받으신다면 우리 가운데 좌절하고 낙심하며 예배드리기를 포기할 사람이 많을 것입니다. 왜냐하면, 완벽한 조건을 갖추어서 예배드리기가 쉽지 않기 때문입니다. 그렇기 때문에 주어진 상황에서 최선을 다해 우리의 마음을 드리는 예배를 하나님께서 받으신다는 것은 우리에게 소망이요 복음이 아닐 수 없습니다. 저는 우리 모두가 마음으로 예배를 드려서 하나님께 기쁨이 되기를 간절히 바랍니다.

구원의 기쁨과 감사함으로

하나님께서 예배와 관련하여 이러한 명령을 하신 또 하나의 의도는 하나님께 드리는 예배에서 이방적인 요소를 완전히 제거하라는 것입니다. 방금 전에 말씀드린 것처럼, 당시 가나안 종교에서는 제단 자체에 목적을 두고 정교하게 돌을 다듬어 단을 쌓았습니다. 그래서 그 이방적인 요소를 본받지 않도록 하기 위해서 다듬은 돌로 쌓지 말고 토단을 쌓으라고 한 것입니다. 또한 당시 가나안 종교의 특징 가운데 하나는 성적 문란이었습니다. 그들은 제단 위에서 문란한 성적 접촉을 하면서 제사를 지내곤 하였습니다. 하나님께서는 그렇게 성적으로 타락하였던 당시의 가나안 예배의 잘못된 부분들에 전염되지 않도록 하기 위해서 예배를 인도하는 제사장들에게 하체가 드러나지 않게 하라고 명하셨던 것입니다. 뿐만 아니라 율법을 보면 제사장들은 세마포 긴 옷을 착용하여 하체를 가리라고 명령하셨습니다(참고. 레 6:10, 출 28:42-43). 요약하면, 이 말씀은 당시 고대 근동에서 일반적으로 행해지던 제단 형태나 제의식을 따르지 말 것을 명령한 것으로 반 가나안적 예배를 명령한 것이라고 할 수 있습니다.

이것은 오늘날 우리의 예배에도 그대로 적용됩니다. 사실 오늘날 우리의 예배와 예물에도 미신적이고 이교도적인 요소가 있는 것을 볼 수 있습니다. 여러분, 예배와 예물의 본질이 무엇입니까? 예배는 근본적으로 무엇을 얻기 위해서 드리는 것이 아닙니다. 예물도 다시 넘치도록 돌려받기 위해서 드리는 것이 아닙니다. 예배와 예물의 본질은 순수하고 온전히 감사와 기쁨으로 드리는 것입니다. 하지만 이방신들을 섬기는 이방인들의 제사와 제물은 당시도 그렇고 지금도 마찬가지인데, 뇌물에 가까운 것입니다. 그들의 제사와 제물은 신들의 기분을 달래고 분노를 호의로 바꾸는데 그 목적이 있습니다. 실제로 무당들이 푸닥거리를 하는 이유가 무엇입니까? 신을 달래는 것입니다. 그들은 자신이 섬기는 신들의 총애를 받기 위해서 그들이 할 수 있는 모든 것을 하는 것입니다. 만약 우리가 우선적으로 어떤 것을 기대하고 받기 위해서 드린다면 우리의 예배와 예물은 이방적이고 미신적이라고 할 수 있습니다. 물론 우리가 온전한 예배를 드리면 하나님께서 우리에게 은혜와 복을 주시는 것은 분명합니다. 그러나 그것이 우선적인 목적이 된다거나 조건이 된다면 그것은 잘못된 것입니다. 왜냐하면 예배는 근본적으로 무엇을 얻기 위해서 나아가는 것이 아니기 때문입니다.

사랑하는 성도 여러분, 예배는 우선적으로 성도들이 하나님의 창조와 구원의 은총에 기쁨과 감격함으로 응답하는 것입니다. 지난주에 저는 우리의 신앙을 지키기 위해서 필요한 것은 구원의 기쁨과 감사이고, 우리의 삶에 있어서 범사에 하나님을 인정하는 것이라고 말씀드렸습니다. 우리의 예배에 그것이 동반되어야 합니다. 그 때 하나님께서 기뻐하시는 예배가 될 수 있습니다. 물론 그러한 예배를 통해서 당연히 우리는 하나님의 임재와 삶의 회복을 체험할 수 있습니다. 선후가 바뀌어서는 안 됩니다.

말씀을 맺겠습니다.

오늘 본문은 하나님께서 기뻐하시는 올바른 믿음과 올바른 예배가 무엇인지 우리에게 말씀하고 있습니다. 먼저 하나님께서 기뻐하시는 올바른 믿음은 우상숭배를 하지 않는 것임을 말씀합니다. 특히 성경은 탐심이 우상숭배라고 말씀합니다. 또한 하나님께서 기뻐하시는 올바른 믿음은 내 경험과 계획과 생각으로 하나님을 제한하지 않는 것입니다. 왜냐하면 우리가 섬기는 하나님은 우리의 경험과 계획과 생각을 초월하신 무한하시고 영원하신 하나님이시기 때문입니다. 다음으로 하나님께서 기뻐하시는 올바른 예배는 마음으로 드리는 예배, 구원의 기쁨과 감사로 드려지는 예배임을 말씀합니다. 저는 우리 모두가 이렇게 하나님께서 기뻐하시는 올바른 믿음을 소유하고 하나님께서 받으시는 예배를 드리기를 간절히 바랍니다.

출애굽기 21:1-11
대인관계의 수준을 높이자

하나님께서는 이스라엘을 출애굽 시키시고, 그들을 시내 산까지 인도하신 후에 모세를 불러 그들의 신앙과 삶을 위해 필요한 지침들을 주셨습니다. 우리는 그것을 율법이라고 합니다. 그런데 모세가 시내 산에서 처음 받은 율법이 출애굽기 20-23상에 기록되어 있습니다. 그것은 크게 두 부분으로 구성되어 있는데 한 부분은 십계명이고 다른 한 부분은 소위 '언약서(the book of covenant)' 입니다. 십계명이 대원칙을 선포한 것이라고 하면, 언약서는 십계명을 좀 더 구체적으로 설명하고 적용한 것입니다.

우리는 지난주부터 언약서를 보면서 하나님께서 우리에게 주시는 교훈을 찾고 있습니다. 저는 지난주에 율법을 해석하고 적용할 때 가장 기본적이면서 중요한 것은 그 율법 안에 있는 하나님의 근본적인 의도를 찾는 것이라고 했습니다. 율법을 문자적으로만 접근하면 이해되지 않는 부분도 많고, 또한 대부분이 오늘날 우리와 크게 상관없는 말씀으로 여겨질 수 있겠지만, 율법 속에 나타난 하나님의 의도를 파악하면 모든 율법을 우리에게 적용할 수 있다는 것입니다.

오늘 본문은 종에 대한 여러 가지 지침들을 기록하고 있습니다. 물론 오늘 본문에 종에 대한 지침들이 하나도 빠짐없이 다 기록되어 있지는 않습니다. 대표적으로 레위기 25장과 신명기 15장에 보면, 오늘 본문에 언급되지 않는 종에 대한 규정들이 보완 설명되어 있습니다. 종에 대한 규정을 좀 더 바르고 온전하게 이해하기 위해서는 오늘 본문과 함께 종에 대해 언급하고 있는 다른 본문들을 참고해서 보아야 합니다.

종에 대한 기본적인 지침들

먼저, 오늘 본문을 중심으로 종의 제도에 대한 개괄적인 지침들을 살펴보겠습니다. 2절입니다.

> 네가 히브리 종을 사면 그는 여섯 해 동안 섬길 것이요 일곱째 해에는 몸값을 물지 않고 나가 자유인이 될 것이며

'히브리 종(즉, 이스라엘 사람이 종이 된 경우)은 육년 동안 섬기고 제 칠년에는 값없이(즉, 아무런 조건 없이) 자유 할 것이다(즉, 해방시켜야 한다 또는 풀어주어야 한다)'는 것입니다. 이것이 히브리 종에 대한 가장 기본적인 지침입니다. 그 이유가 신명기 15:18에 기록되어 있는데, 그것은 노예로 팔린 자가 6년 동안 행한 노동의 대가가 몸값으로 계산되었기 때문이라고 했습니다. 그런데 7년을 채우기 전에 희년(이스라엘이 구원을 기념하여 50년에 한 번씩 지키는 절기)이 오면, 그 해에 해방되어 자유의 몸이 될 수 있었습니다(레 25:40-41).

하지만 이방인 종에게는 이 규례가 적용되지 않았습니다. 그래서 레위기 25:44-46에서는 진짜 종다운 종은 주변의 이방인들 가운데서 구하라고 하셨고, 그들은 영원한 종이 된다고 말씀합니다.

다음으로, 3-6절에서는 종의 해방에 대한 좀 더 구체적인 지침들을 제시합니다.

> 만일 그가 단신으로 왔으면 단신으로 나갈 것이요 장가들었으면 그의 아내도 그와 함께 나가려니와, 만일 상전이 그에게 아내를 주어 그의 아내가 아들이나 딸을 낳았으면 그의 아내와 그의 자식들은 상전에게 속할 것이요 그는 단신으로 나갈 것이로되, 만일 종이 분명히 말하기를 내가 상전과 내 처자를 사랑하니 나가서 자유인이 되지 않겠노라 하면, 상전이 그를 데리고 재판장에게로 갈 것이요 또 그를 문이나 문설주 앞으로 데리고 가서 그것에다가 송곳으로 그의 귀를 뚫을 것이라. 그는 종신토록 그 상전을 섬기리라.

단신으로 종이 되었으면 단신으로 나가고, 결혼한 후에 종이 되었으면 가족이 함께 해방되었습니다(3절). 하지만 종이 된 후에 결혼한 자의 가족은 주인에게 귀속된다고 합니다(4절). 그런데 종이 가족을 위해 자유하지 않겠다고 하면 재판장에게 가서 그 사실을 확인하고 송곳으로 귀를 뚫음으로 표징을 삼았습니다(4-6절). 그리고 신명기 15:17에서는 결혼한 종들 뿐 아니라 일반 종들도 해방된다고 하여도 더 나은 삶을 보장되지 않을 것이라고 판단되면 같은 과정을 거쳐 종으로서 그 집에 계속 머물 수 있다고 했습니다.

7절부터는 여종에 대한 규례를 말씀합니다. 7절입니다.

사람이 자기의 딸을 여종으로 팔았으면 그는 남종 같이 나오지 못할지며

딸을 여종으로 팔았다면 풀려나지 못한다고 합니다. 그런데 신명기 15:1주의할 보면, 남종이나 여종을 똑같이 7년째에 해방하도록 정하고 있습니다. 그러니까 본문의 여종에 대한 규례는 문맥을 보면 일반 종이 아니라 첩으로 들어간 종에 대한 규정이라고 할 수 있습니다. 이 경우에는 제 7년째에 해방되지는 않지만 주인으로부터 자기 지위를 확실히 보장받을 수 있었습니다. 만약 첩으로 팔려간 여종이 마음에 들지 않아 주인이 관계를 갖지 않으면 그녀를 속량(즉, 자유롭게)해 주어야 했습니다. 그런데 본문에는 속량하는 방법을 네 가지로 말씀합니다. 먼저, 외국인을 제외한 히브리인들에게 팔 수 있었습니다. 왜냐하면 외국인에게 팔면 제 칠 년째에 해방될 수 없었기 때문입니다(8절). 다음으로, 자신의 아들에게 첩으로 줄 수 있었습니다. 이때는 딸과 같이 대해야 했습니다(9절). 세 번째로, 아들로 부터도 버림을 받으면 그녀의 생계를 보장해 주어야 했습니다(10절). 네 번째로, 만약 이 세 조건이 하나도 충족하지 못했을 경우에는 그녀를 자유인으로 해방시켜 주어야 했습니다(11절).

교육적 · 의학적 조치로서의 종에 대한 규례

이상이 종에 대한 대략적인 하나님의 명령입니다. 그런데 본문을 보면서 떠오르는 질문이 있을 것입니다. 성경 전체의 관점에서 보면, 본문에 언급되어 있는 '노예 제도'나 '첩(일부다처제) 제도'는

성경적이지도 않고 하나님의 창조 질서에도 합당치 않는 제도인 것 같은데, '왜 하나님께서 이 부분을 인정하고 이에 대해서 자세하게 지침들을 제시하셨을까?' 라는 생각을 할 수 있습니다. '성경이 이율배반(二律背反)적이 아닌가?' 라고 생각할 수도 있을 것입니다. 그렇지 않습니까?

이 부분에 대해 먼저 말씀드리겠습니다. 이 부분에 대해서 다양한 견해가 있지만 이렇게 정리하시면 될 것 같습니다. 노예 제도나 첩 제도는 성경적이지도 않고 창조질서에 합당치도 않은 제도임이 분명합니다. 그런데 하나님께서 이 제도들을 인정하고 그에 대한 지침들을 준 것은 한 마디로 하면 '이스라엘의 한계' 때문이었습니다. 모세가 시내 산에서 율법을 받을 당시 이스라엘은 영적으로 갓 태어난 아이와 같았습니다. 그들의 신앙적, 도덕적 수준은 이방인과 크게 다를 바가 없었습니다. 그들은 하나님께서 요구하시는 온전한 규칙을 지킬만한 신앙적 도덕적 수준에 이르지 못했습니다. 이러한 사실을 익히 알고 계신 하나님께서 그들의 수준에 맞는 기준을 제시하셨던 것입니다.

이에 대한 성경의 증거가 있습니다. 이혼과 관련하여 율법에는 이혼증서를 써주면 가능하다고 했습니다(신 24:1). 하지만 이혼은 궁극적으로 하나님이 원하시고 기뻐하시는 뜻이 아닙니다. 그래서 예수님께서 그 부분에 대해서 질문을 받자 무엇이라고 말씀하셨죠? 그것을 허용한 것은 이스라엘 마음의 완악함 때문이었다고 하시면서 '본래는 그렇지 않다' 라고 말씀하셨습니다(마 19:8, 막 10:2-9).

쉽게 이야기하면, 이스라엘의 완악함과 부족함을 고려해서 하나님께서 당시 여자를 마치 물건 취급하는 상황에서 그 폐해를 최소화하기 위해 절대적 원리보다 낮은 것을 일시적으로 허용하셨다는 것입니다. 그래서 학자들은 이러한 하나님의 조치를 하나님의 '교육적 조치' 또는 '의학적 조치'라고 합니다. 교육적 조치라고 한 것은 수준이 낮은 사람을 높이기 위해 그가 감당할 수 있는 수준에서 교육을 시작한다는 것입니다.

그리고 의학적 조치라는 것은 환자를 고치는데 처음에는 그가 견딜 수 있는 만큼 약을 주고 상황을 보면서 온전해 질 수 있는 강한 약을 준다는 것입니다. 요약하면, 하나님께서 다른 방법으로 원칙은 분명히 제시하지만 그들의 '수준'(여기에서 상황이라고 말하면 오해의 소지가 있을 수 있습니다. 즉, 상황윤리라고 생각할 수 있기 때문에 수준이라는 단어를 사용하는 것이 적절합니다)에 맞추어서 또는 '수준'을 고려해서 접근하셨다는 것입니다.

실제로 이것은 하나님께서 우리를 다스리고 인도하는 방법 가운데 하나입니다. 하나님께서는 우리를 훈련시키고 성장시키실 때 우리 수준에 맞추어서 대하십니다. 저는 고등학교 때 아파서 신앙생활을 시작하였는데, 처음에 저에게 하나님은 아주 무섭고 두려운 분이었습니다. 왜냐하면, 저의 생각이나 행동이나 계획이 조금만 잘못되어도 하나님께서 즉각적으로 어떤 조치를 취하셨기 때문입니다. 그래서 그 때는 매를 맞지 않기 위해서 그리고 어려움을 당하지 않기 위해서 억지로 순종하기도 했습니다. 대학교 다닐 때에도 해 보고 싶은 것도 많은데 두려워서 하지 못했습니다. 종종 '왜 내가 예수를 믿었을까?' 라고 생각하면서 예수 믿는 것이 후회되기까지 한 적도 있었습니다. 그러나 지금 저를 하나님께서 다루시고 인도하시는 방법은 그 때와는 전혀 다릅니다. 지금 저는 두렵고 무서운 하나님이 아니라 참으로 저를 사랑하시는 하나님으로 고백합니다. 저는 저를 부르시고 이 자리에 있게 하신 하나님의 은혜와 사랑에 말로 다 표현할 수 없는 감사의 마음이 있습니다. 하나님께서 저에게 두려운 하나님으로 나타나신 것이 하나님의 본심은 아니었지만 일시적으로 저의 수준에 맞추어서 대하신 것입니다. 바울도 고린도교회에 편지를 쓸 때 어린아이를 대함같이 한다고 하였습니다. "내가 너희를 젖으로 먹이고 밥으로 먹이지 않으니 이는 너희가 감당치 못하기 때문"이라고 말씀합니다.

고대 근동의 법과는 차원이 다른 율법

그런데 율법에 있는 노예 제도를 보면 그것은 당시 근동의 노예법과는 근본적으로 차원이 다름을 알 수 있습니다. 당시에 노예는 사고 팔수 있는 물건으로 취급되었고, 전혀 인격이 존중되지 않았습니다. 하지만 율법을 보면, 당시의 이방 사회에서는 상상할 수도 없는 아주 파격적인 지침들을 주셨습니다. 우선 안식년에 해방시키라고 했고, 노예로 있는 동안도 그 사람들에게 노예가 아닌 품꾼이나 우거하는 자와 같이 대하고 엄하게 대하지 말라(즉, 형제로서 고용된 노동자 취급을 하라고 하였으며)고 명령하셨습니다(레 25:39-40). 특히 레위기 25:43에서는 엄히 부리지 말라고 하면서 하나님을 경외하라고 하였습니다. 종에 대한 태도는 하나님에 대한 태도라는 것입니다. 또한 종이 자유의 몸이 될 때 빈손으로 보내지 말고 양과 곡식과 포도주를 후히 주어 보내라고 하셨습니다(신 15:12-14). 이는 아마 그 종이 새 생활을 시작할 수 있는 기반을 마련해 주시려는 하나님의 배려인 것 같습니다. 이 모든 것은 종을 주인의 종속물이 아닌 하나의 인격체로 그리고 형제로 대하라는 하나님의 의도를 알 수 있습니다. 오늘 본문에서도 당시의 가장 비천한 신분 중 하나인 여종의 인격과 권리를 최대한 보장해 주시려는 하나님의 세심한 배려를 확인할 수 있습니다.

정리하면, 종과 첩에 대한 지침은 우리 하나님께서 궁극적으로 원하시는 창조의 질서에 합당한 절대 진리(원리)는 아니었습니다. 하지만 이러한 규정들은 당시 이스라엘의 신앙적 도덕적 수준을 고려한 조치였습니다. 또한 당시 죄악이 번영한 사회에서 하나님의 창조 질서를 최대한 회복하고 악을 최소화하려는 하나님의 교육적 또는 의학적 조치였던 것입니다.

대인 관계의 수준을 높이자

이렇게 사람의 수준에 따라 대하시는 하나님을 보면서 우리가 교훈 받아야 할 것은 무엇이죠? 그것은 하나님의 뜻을 온전히 이루고, 더 큰 은혜를 경험하기 위해 우리의 신앙수준을 높여야 한다는 것입니다. 왜냐하면, 마치 부모가 자녀들에게 어떤 일이나 물건을 맡길 때 무조건 맡기는 것이 아니라 자녀들의 나이와 수준과 성숙도를 고려하여 적절하게 맡기는 것처럼, 우리 하나님께서는 우리의 신앙수준에 따라 우리를 대하시고 우리에게 맡기시기 때문입니다. 우리가 어린 아이 수준의 신앙을 가지고 있으면 그 수준에 맞추어서, 청소년 정도의 신앙이면 그 수준에 맞추어, 그리고 장성한 신앙이면 또한 그 수준에 맞추어 하나님의 뜻을 이루어 가시고 은혜도 주시는 것입니다.

　기도도 마찬가지입니다. 하나님께서는 우리 신앙의 수준에 따라 기도에도 응답하십니다. 때로는 우리 수준이 올라올 때까지 훈련시키시면서 기다리게도 하시고, 응답하실 때에도 우리 수준에 맞게 적절한 범위 내에서 응답하십니다. 왜냐하면, 하나님께서 많이 주신다고 할지라도 우리는 자신의 수준 이상의 것은 누리지 못하기 때문이고, 또한 수준 이상의 감당할 수 없는 것이 주어지면 그것은 복이 아니라 짐이요 어쩌면 화가 될 수도 있기 때문입니다. 그러니까 우리가 더욱 더 온전히 하나님의 뜻을 이루기 위해, 그리고 더 큰 은혜와 복을 누리기 위해 우리는 어린아이의 신앙이 아니라 성숙하고 장성한 신앙, 그리고 수준 높은 신앙을 소유해야 될 줄로 믿습니다.

　특별히 오늘 본문의 종 제도를 통해 우리에게 교훈하시는 것은 신앙의 장성함과 성숙함이 다른 사람들과의 관계에서 드러나야 한다는 것입니다. 저는 언약서에서 하나님과의 관계에서 믿음과 예배에 대한 교훈을 한 다음에 다른 어떤 것보다도 먼저 종에 대한 규정들을 언급한 것은 크게 두 가지 이유 때문이라고 생각합니다. 하나는 당시 종에 대한 제도가 전체적으로 하나님 보시기에 가장 취약한 부분이었기 때문이고, 다른 하나는 종과 관련한 태도와 자세는 하나님의 백성으로서의 삶에 있어서 참으로 중요하였기 때문인 것 같습니다.

사랑하는 성도 여러분,

하나님을 믿고 하나님의 구원을 경험한 사람들에게 반드시 나타나야 할 것은 대인 관계에서의 성숙한 모습입니다. 우리는 우리가 만나고 상대하는 모든 사람들에 대해 학력, 재력, 사회적 위치, 인종, 피부 색깔 등으로 인해 선입견이나 편견을 갖지 않아야 합니다. 물론 그것이 쉽지 않지만 그렇게 해야 합니다. 또한 어느 누구도 함부로 평가하고 차별하거나 무시하지 않아야 합니다. 하나님을 믿는 우리는 우리가 만나는 사람들이 어떠한 상황과 환경 가운데 있다고 할지라도 그들을 존귀하게 여기고 인격적으로 대하며 사랑을 베풀어야 합니다.

왜 그렇습니까? 그것은 우리가 만나는 사람들은 모두 다 하나님의 형상대로 지음 받았기 때문이고, 또한 그들은 하나님께서 십자가에서 생명을 줄 정도로 사랑하는 존귀한 자들이기 때문에 그렇습니다. 최근에 단기 선교를 다녀온 어느 집사님의 이야기인데, 그 분도 선교지에 갔을 때 처음에 현지인에 대한 거부감이 있었다고 합니다. 이것은 외국 여행을 많이 하지 않는 분들에게 얼마든지 있을 수 있는 일입니다.

그런데 하나님께서 은혜를 주셔서 그러한 마음이 곧 사라지고 그들을 귀하게 여기고 사랑하는 마음을 갖게 되었다고 합니다. 그리고 처음에 가졌던 거부감에 대해 회개했다고 합니다. 이것이 예수님의 마음이고, 하나님의 백성이 가져야 할 자세인 줄 믿습니다. 분명 우리 주위에서 객관적으로 볼 때 부족하고 연약한 사람이 있을 수 있습니다. 그러나 설령 객관적으로 부족하고 연약하다고 할지라도 그들도 하나님의 형상대로 지음 받은 존귀한 사람들임을 믿습니다.

그렇기 때문에 객관적으로 부족하다고 할지라도 단지 겉으로가 아니라 중심으로 모든 사람들에 대해 존중하는 마음과 사랑하는 마음으로 대해야 할 것입니다. 마치 부족하거나 연약한 부분이 있는 자녀를 둔 부모가 다른 형제나 자매들이 그 아이를 함부로 대하지 않고 귀하게 여기고 사랑할 때 마음에 기쁨과 감사가 있는 것처럼, 하나님께서도 우리가 연약하고 부족한 지체들을 귀하게 여기며 사랑해 줄 때 만족해하시고 흐뭇해하실 줄 믿습니다.

하나님의 은혜에 보답하는 길

또한 모든 사람들에 대해 존귀하게 여기고 사랑으로 대하는 것은 하나님의 은혜와 사랑을 보답하며 사는 길입니다. 본문을 보면 종에 대한 지침을 언급하면서 안식년과 희년에 풀어주라고 하였습니다. 그것은 무엇을 의미합니까? 안식년, 희년은 창조와 구원을 기념하며 감사하는 절기입니다. 그러니까 안식년과 희년에 종을 해방하는 것도 역시 구원과 창조에 대한 하나님의 사랑을 기억하여 종들에게 은혜를 베풀어야 한다는 것을 보여줍니다. 신명기 15:15에도 그와 관련된 중요한 말씀이 있습니다.

> 너는 애굽 땅에서 종 되었던 것과 네 하나님 여호와께서 너를 속량하셨음을 기억하라 그것으로 말미암아 내가 오늘 이같이 네게 명령하노라

이스라엘 민족이 종을 선대하고 이웃에게 선을 행해야 하는 가

장 중요한 이유는 종 되었던 그들이 하나님의 은혜와 사랑으로 구원받았기 때문이었습니다. 그들이 받은 구원의 선물은 당시 주변나라에서 시행되는 종에 대한 제도와는 차원이 다른, 어쩌면 깜짝 놀랄만한 파격적인 종에 대한 규례를 명령한 근거라고 말씀합니다. 구원받은 자로서 이스라엘은 하나님께 받은 은혜를 다른 사람들에게 베풀어야 했습니다.

이와 관련하여 예수님께서도 중요한 말씀을 하셨습니다. 마태복음 18장을 보면, 갚을 능력이 없는 모든 사람들에 대해 빚을 탕감 받은 사람이 백 데나리온 빚 진 사람을 용서하지 않는 이야기가 나옵니다. 주인이 그 사실을 알게 되었을 때, 모든 사람들에 대해 빚진 자를 감옥에 넣으라고 명령합니다. 여러분, 한 달란트는 만 데나리온입니다. 그러니까 만 달란트와 백 데나리온은 결코 비교할 수 없는 액수입니다. 여기에 있는 우리 모두는 주님께 말로 표현할 수 없는 은혜를 받았습니다. 주님께 받은 그 사랑을 다른 사람들에게 베푸는 것은 너무도 당연한 일입니다. 그렇게 하지 않으면 배은망덕한 자입니다.

사랑하는 성도 여러분,
우리는 놀라운 하나님의 사랑과 은혜를 받은 자들입니다. 하나님께 은혜와 복을 받은 사람들은 자신이 받았던 은혜와 복과 사랑을 다른 사람들에게 돌려주어야 할 줄 믿습니다. 하나님께서는 우리가 다른 사람을 대하는데 있어서 믿지 않는 사람들과는 차별적인 모습을 보이기를 원합니다. 하나님께서는 사랑하는 사람만이 아니라 모든 사람들에 대해 사랑하는 자로서 살기를 원하십니다(마 5:43-48). 다시 말해, 하나님의 은혜로 구원받은 사람은 세상 사람들이 하는 정도의 삶을 사는 것이 아니라, 세상 사람들이 감히 상상할 수 없고 감히 따라 올 수 없는 파격적인 모습으로 다른 사람들에 대해 대하고 사랑해야 한다는 것입니다.

고용주와 고용인

마지막으로 오늘 본문에서 우리가 살펴볼 내용은 당시의 주인과 종의 관계입니다(오늘날 고용주와 고용인의 관계). 우리 가운데도 고용주도 계시고 고용인도 계십니다. 그런데 하나님을 믿는 고용주와 고용인의 자세는 어떠해야 합니까? 고용주는 종의 제도에서 강조하는 것처럼 종업원에게 형제와 가족에게 하듯이 대해야 합니다. 인색하지 않고 넉넉히 대해 주어야 합니다. 월급도 동종 업체의 다른 고용주보다 적지 않게 주어야 합니다. 그것이 대인관계에서 하나님께서 원하시는 수준 높은 신앙인 줄 믿습니다. 그리고 고용인은 에베소서 6:5-7에서 말씀하는 바와 같이 주님께 하듯이 선한 뜻으로 주인을 섬겨야 하고, 디모데전서 6:1-2에서 말씀한 것과 같이 주인을 더욱 공경하고 더욱 잘 섬겨야 될 줄 믿습니다. 그것이 하나님을 믿은 우리의 대인 관계의 모습이어야 될 줄 믿습니다.

말씀을 맺겠습니다.

오늘 본문은 종의 제도에 대한 규례입니다. 종의 제도 자체가 창조질서에 합당한 것은 아니었지만, 하나님께서 그 제도에 대한 자세한 지침을 준 것은 이스라엘의 신앙적 수준의 한계 때문이었습니다. 이것은 온전히 하나님의 뜻을 이루기 위해서 우리 신앙의 수준이 높아야 함을 교훈하고 있습니다. 특별히 우리 하나님은 다른 사람들과 관계에서 성숙함을 요구합니다. 우리는 세상 사람들과의 차원이 다른 모습으로 모든 사람들에 대해 존귀하게 여기고 진심으로 사랑을 베풀어야 합니다. 뿐만 아니라 고용주는 인색하지 않고 넉넉하게 고용인을 대해야 하고, 고용인은 주께 하듯 최선을 다해 신실하게 맡겨진 일을 해야 합니다. 그것이 수준 높은 신앙이고 그 때 수준 높은 은혜를 경험하게 될 줄 믿습니다.

출애굽기 21:12-17

우리는 존귀한 자들 입니다

계속해서 구약의 율법을 통해서 은혜를 나누고 있습니다. 이렇게 율법 부분을 집중적으로 살펴보는 이유는 크게 두 가지입니다. 하나는 오늘날 교회에서 구약의 율법이 많이 오해되고 있는데, 성경 전체의 이해를 위해 율법에 대한 바른 이해가 절실히 필요하기 때문입니다. 다른 하나는 율법은 우리의 신앙과 삶에 필요하고 중요한 교훈과 도전을 주기 때문입니다. 물론 우리의 신앙과 삶을 위해 모든 성경이 유익하지만(딤후 3:16-17), 율법은 성경의 어느 부분보다도 기본적이면서 중요한 교훈을 담고 있습니다.

특별히 출애굽기 20-23장은 시내 산에서 처음 주어진 말씀으로 모든 율법의 근간(根幹)을 이루고 있습니다. 이 부분을 잘 이해하면 율법 전체의 의미와 우리 신앙과 삶에 대한 요구를 알아 가는데 많은 도움이 될 수 있기 때문에 이 부분을 택해서 살펴보고 있습니다. 오늘도 봉독(奉讀)한 본문을 통해 율법을 주신 하나님의 의도가 무엇인지 그리고 그 율법이 우리의 신앙과 삶에 교훈하는 것은 무엇인지 함께 생각해 보면서 은혜를 나누고자 합니다.

존귀하고 특별한 존재로서의 인간

우리가 잘 아는 대로 십계명 가운데 여섯 번째는 '살인하지 말라' 입니다. 오늘 본문은 그 명령을 구체적으로 설명하고, 어떻게 적용할 것인지 말씀하고 있습니다. 본문을 보겠습니다. 12-14절입니다.

> 사람을 쳐 죽인 자는 반드시 죽일 것이나, 만일 사람이 고의적으로 한 것이 아니라 나 하나님이 사람을 그의 손에 넘긴 것이면 내가 그를 위하여 한 곳을 정하리니 그 사람이 그리로 도망할 것이며, 사람이 그의 이웃을 고의로 죽였으면 너는 그를 내 제단에서라도 잡아내려 죽일지니라.

사람을 쳐서 죽인 사람은 반드시 죽여야 한다고 말씀합니다. 하지만 고의가 아닌 과실로 사람을 죽였으면 그 사람은 도피성에 피하여 목숨을 보존하게 하도록 하였습니다. 신명기 19:5에 그 구체적인 예가 소개됩니다. 만약 사람이 벌목을 하다가 도끼가 자루에서 빠져 그것으로 인해 사람이 죽었을 경우가 이에 속한다는 것입니다. 그러나 고의로 사람을 죽였으면 하나님의 제단에서라도 잡아내려 죽이라고 단호하게 명령하고 있습니다.

율법에 보면, 죄를 지었을 때 반드시 죽여야 되는 몇 가지 죄가 있습니다. 다른 신들을 섬기거나 우상 숭배 하는 죄(신 17:2-7; 1,2계명), 하나님의 이름을 모독한 죄(레 24:15,16; 3계명), 안식일을 범한 죄(민 15:32-36; 4계명), 무당들(출 22:18), 부모를 때리거나 저주한 죄(출 21:15,17; 5계명), 살인죄(출 21:12-14), 간음죄와 비정상적인 성행위를 한 죄(레 20:10-16, 신 22:22-27, 출 22:19; 7

계명), 사람을 납치한 죄(출 21:16, 신 24:7; 8계명) 등 입니다. 살인죄는 그 가운데 하나입니다.

반드시 죽여야 할 죄에 대한 내용을 보거나 율법 전체를 볼 때, 두드러지게 나타나는 특징이 있습니다. 그것은 하나님께서 모든 피조물 가운데서 사람을 아주 특별하고 존귀한 존재로 여기신다는 것입니다. 예들 들어, 도둑질도 짐승이나 물건을 도둑질하면 그에 상응한 것으로 갚으면 되지만, 오늘 본문에서 말씀한대로 사람을 도둑질하면 죽이라고 하셨습니다(16절). 또한 동물은 죽여도 동물이나 돈으로 갚으면 되지만(레 24:17-23), 사람을 죽이면 반드시 죽이라고 하셨습니다. 그것을 여러 곳에서 반복적으로 말씀합니다(참고. 민 35:29-31).

하나님의 형상대로 지음 받은 인간

그러면 하나님께서 왜 이처럼 사람을 그렇게 귀하게 여기시고, 또한 살인죄를 범하면 반드시 그 사람을 죽여야 할 정도로 그것이 큰 죄가 되는 이유는 무엇입니까? 창세기 9:6을 보겠습니다.

다른 사람의 피를 흘리면 그 사람의 피도 흘릴 것이니 이는 하나님이 자기 형상대로 사람을 지었음이니라.

그 이유가 무엇입니까? 사람은 하나님의 형상대로 지음 받았기 때문이라는 것입니다. 그러면 하나님의 형상대로 지음 받았다는 것은 무엇을 의미하죠? 하나님의 형상대로 지음을 받았다는 것은 하나님의 내적인 특징(모습) 가운데 일부분을 우리 인간 안에 담아 두

셨다는 것을 의미합니다. 이것을 신학적으로 하나님과 인간의 공유적 특성이라고 합니다. 인격, 도덕성, 창조성 등이 이에 속합니다. 정리하면, 사람은 하나님의 내적인 특징의 일부분을 공유하고 있기 때문이 존귀한 존재이고, 또한 그러한 사람을 죽이는 것은 하나님의 존재와 이름을 모욕하고 업신여기는 것이기 때문에 그것이 큰 죄라는 것입니다.

그러면 여기에서 한 가지 질문하겠습니다. 이 명령의 핵심은 살인하지 말라는데 있습니까? 아니면 살인한 사람을 죽여야 한다는데 있습니까? 이 명령의 핵심은 살인한 사람을 죽여야 한다는데 있지 않고, 살인한 사람은 그 벌로 죽여야 할 정도로 그 만큼 우리 인간이 존귀하다는데 있습니다.

성경을 보면, 하나님께서 하나님의 형상대로 지으신 우리 인간을 참으로 특별하고 존귀하게 여기시는 것을 여러 곳에서 여러 가지 방법으로 말씀합니다. 창세기 1장을 보면, 하나님께서 천지 만물을 창조하신 과정을 기록하면서 인간 이외의 다른 피조물(2-25절)과 우리 인간의 창조(26-31절) 과정을 구분하여 설명하고 있습니다.

그리고 다른 피조물들을 창조하실 때에는 "있으라!"고 말씀만 하셨는데, 인간을 창조하실 때에는 "우리(성부, 성자, 성령의 삼위 하나님)가 우리의 형상을 따라 사람을 만들자(창 1:26)"라고 하셨습니다. 물론 하나님께서 다른 피조물들을 창조하실 때에도 최고의 지혜를 모아서 창조하신 것은 분명합니다. 그러나 다른 피조물을 창조하실 때에는 그냥 말씀으로 창조하셨는데, 인간을 창조하실 때에는 삼위 하나님께서 협의하시고 협력하셨다는 것입니다.

뿐만 아니라, 하나님께서는 우리 인간에게 하나님을 대신해서 만물을 1) 다스리고 2) 정복하도록 명령하셨습니다. 모든 피조물의 주인은 누구시죠? 모든 피조물의 주인은 하나님이십니다. 그런데 주인이신 하나님께서 인간에게 하나님을 대신해서 모든 피조물을 다스리고 관리하는 권한과 책임을 부여하신 것입니다. 이러한 모든 내용들은 하나님께서 우리 인간을 다른 피조물과는 다르게 아주 특별하고 존귀한 존재로 창조하셨음을 보여주고, 또한 하나님 창조의 극치와 절정으로서 우리 인간을 창조하셨음을 말씀합니다.

한 걸음 더 나아가서 하나님이 인간을 존귀하게 여기시는 가장 중요하고 확실한 증거가 있습니다. 그것은 죄로 인해 하나님과 분리된 우리를 구원하시기 위해서 예수님을 보내셔서 십자가에 못 박으신 것입니다. 그래서 로마서 5장은 우리가 죄인 되었을 때 우리 하나님께서 예수님을 보내셔서 십자가에 못 박음으로 우리에 대한 자신의 사랑을 확증하셨다고 하였습니다.

우리 자신과 다른 사람에 대한 자세

사랑하는 성도 여러분,

우리는 하나님의 형상대로 지음 받은 존귀하고 특별한 존재임을 믿습니다. 우리가 하나님의 형상대로 지음 받은 존귀하고 특별한 존재라는 사실을 기억하면 우리 자신과 다른 사람들에 대한 자세가 달라지지 않을 수 없습니다.

먼저 우리 자신에 대한 삶의 태도가 바꾸어지지 않을 수 없습니다. 우리가 잘 아는 것처럼, 요즈음 우리 주변에 자살하는 사람들이 갈수록 많아지고 있습니다. 신앙생활 하는 사람들도 예외는 아닙니다. 교회를 다니는 사람이나 다니지 않는 사람이나 인구대비 자살률에 있어서 큰 차이가 없다고 합니다. 참으로 안타까운 일이 아닐 수 없습니다. 왜 신앙생활을 하는 사람들도 자살합니까?

물론 여러 가지 이유가 있겠지만, 가장 근본적인 이유는 하나님의 형상대로 지음 받은 자신의 존귀함과 특별함을 크게 생각하지 않기 때문입니다. 특별히 하나님께서 택하신 성도들은 존귀한 가운데 존귀한 자이고 특별한 자 가운데 특별한 자입니다. 그렇기 때문에 사도 바울은 이 세상의 어떤 것(환란이나 곤고나 핍박이나 기근이나 위험이나 칼이랴)도 성도인 우리를 하나님의 사랑에서 끊을 수 없다고 고백합니다(롬 8:31-39). 어떠한 상황과 환경에 있다고 할지라도(사방으로 우겨 싸임을 당해도, 거꾸러뜨림을 당해도) 우리는 결코 망하거나 실패하지 않을 것이고, 우리를 사랑하시는 이로 말미암아 넉넉히 승리하게 될 것이라고 고백합니다.

사랑하는 성도 여러분, 그것은 하나님을 믿는 성도들이라면 늘 경험하는 것 아닙니까? 저도 지금까지 신앙생활 하면서 많은 고비가 있었고 어려움도 있었지만 항상 승리케 하시는 하나님을 경험하였습니다. 제가 좋아하는 복음송 가운데 이런 찬양이 있습니다.

> 하나님의 사랑을 사모하는 자/ 하나님의 평안을 바라보는 자/ 너의 모든 것 창조하신 우리 주님이/ 너를 얼마나 사랑하시는지/ 하나님께 찬양과 경배하는 자/ 하나님의 선하심을 닮아가는 자/ 너의 모든 것 창조하신 우리 주님이/ 너를 자녀 삼으셨네/ 하나님 사랑의 눈으로/ 너를 어느 때나 바라보시고/ 하나님 인자한 귀로

써/ 언제나 너에게 기울이시니/ 어두움에 밝은 빛을 비춰주시고/ 너의 작은 신음에도 응답하시니/ 너는 어느 곳에 있든지 주를 향하고/ 주만 바라볼찌라.

나는 비록 부족하고 연약하지만 하나님의 형상대로 지으신 나를 특별하고 존귀하게 여기시는 하나님으로 인해 나의 생애는 복되고 형통하게 될 줄 믿습니다. 혹시 우리 가운데 내가 부족하고 연약하여 늘 실수하고 잘못하기 때문에 하나님께서 나를 버리시지 않으실까 생각하는 분들이 있을지 모르겠습니다. 그러나 우리가 하나님을 거역하고 실망시킨다고 할지라도 하나님께서는 결코 우리를 버리지 않으실 줄 믿습니다. 물론 징계의 과정은 거칠 수 있습니다. 이사야 49:14 16은 이렇게 말씀합니다.

오직 시온이 이르기를 여호와께서 나를 버리시며 주께서 나를 잊으셨다 하였거니와 여인이 어찌 그 젖 먹는 자식을 잊겠으며 자기 태에서 난 아들을 긍휼히 여기지 않겠느냐 그들은 혹시 잊을지라도 나는 너를 잊지 아니할 것이라 내가 너를 내 손바닥에 새겼고 너의 성벽이 항상 내 앞에 있나니

이 말씀이 우리 모두의 고백이요 간증이 되길 바랍니다.

다음으로, 우리가 하나님의 형상대로 지음 받은 존귀하고 특별한 존재라는 사실을 기억하면 다른 사람에 대한 우리의 태도와 자세가 달라지지 않을 수 없습니다. 본문은 우리에게 살인하지 말고 명하셨는데, 사실 수요 예배에 참석하신 성도들 가운데는 문자적으로 살인하는 사람들은 없을 것입니다. 그래서 본문의 명령이 나오는

상관없는 것으로 생각할 수 있을지 모르겠습니다. 그런데 예수님께서 이 말씀의 진정한 의도와 우리가 행해야 할 부분이 무엇인지 구체적이고 실제적으로 말씀하셨습니다.

마태복음 5:21-26을 보면, 예수님께서는 단순히 문자적으로 그리고 물리적으로 다른 사람의 생명을 빼앗는 것만 살인이라고 하지 않고 살인의 범위를 훨씬 넓혀서 말씀하고 있습니다. 먼저, 형제(모든 사람들을 가리킴)에 대해 노하는 자마다 심판을 받게 될 것이라고 합니다. 다시 말해, 형제에게 노하는 것이 살인하는 것이라는 것입니다. 여기에서 노한다는 것은 순간적인 분노를 말하는 것이 아니라(여인에게 음욕을 품는 것과 마찬가지로), 어떤 대상에 대해 계속된 분노함을 말합니다(원어는 계속된 동작을 나타내는 분사로 표현되어 있습니다). 실제로 분노가 소화되지 않고 계속되면 증오가 생기고, 그 다음에 돌발적인 행동을 하게 될 가능성이 아주 높습니다. 우리는 종종 사회나 이웃에 대한 분노 때문에 총기 난사를 하고 부모나 가족에 대한 분노 때문에 흉악한 죄를 범하는 경우를 보게 됩니다. 그래서 성경은 "분을 내어도 죄를 짓지 말며, 해가 지도록 분을 품지 말라(그 날 밤을 넘기지 말라)"고 하셨습니다(엡 4:26).

여기에서 한 가지 짚고 넘어가야 할 것은 혹시 우리 가운데 남편 또는 아내에 대해서 자녀나 부모님에 대해서 또는 나를 힘들게 하거나 심각한 피해를 주는 사람에 대해서 해결되지 않는 지속적 분노가 있는 분이 계신지 모르겠습니다. 그 부분을 빨리 해결하시기 바랍니다. 왜냐하면 성경은 그것을 살인죄라고 말씀하고 있기 때문입니다. 뿐만 아니라 그것은 정신 건강 측면에서도 극히 해롭습니다. 또 한 가지 우리 모두에게 성경에서 말씀하신대로 다른 사람들에게 성내기를 더디 하는 은혜가 임하기를 소원합니다(약 1:19). 종종 성내는 것이 습관화 된 분들이 있습니다. 조금만 맘에 안 들어도 버럭 하시는 분들이 있습니다. 우리 모두에게 필요한 성품 가운데 하나가 온유함, 즉 절제되고 통제된 인격인 줄 믿습니다.

다음으로 '라가'(사람을 무시하고 인격을 모독하는 아람어 욕입니다)라 '미련한 놈'이라 하는 것도 역시 살인죄라고 말씀하십니다. 이것은 다른 사람을 무시하고 업신여기고 모욕하는 것입니다. 단순히 물리적으로 사람을 죽이는 것만 살인이 아니고, 다른 사람을 무시하고 업신여기고 모욕하는 것도 살인이라는 말씀입니다.

한 가지 더 말씀드릴까요? 예수님께서는 지극히 작은 자 한 사람이라도 실족시키면 차라리 연자 맷돌을 매고 바다에 빠지는 것이 낫다고 하였습니다. 연자 맷돌은 보통 맷돌보다 큰 것인데 당시 극한 죄를 범한 죄인을 작은 자시키는 방법이었습니다. 그러니까 지극히 작은 자 한 사람을 실족시키는 것은 사형 죄에 해당한다는 것입니다.

여기에서 '실족시킨다($\sigma\kappa\alpha\nu\delta\alpha\lambda i\zeta\omega$)'는 '함정에 빠지게 하다' 혹은 '마음에 심한 괴로움을 겪게 하다'를 의미합니다. 요즈음에 인터넷에서 악성 댓글을 통해서 다른 사람들의 마음을 아프게 하는 일들이 너무 많습니다. 그것이 당사자를 상심케 하고 자살케 하는 요인이 되기도 합니다. 그러나 성경은 우리는 우리가 보기에 지극히 가치 없게 보이는 한 사람에게라도 죄를 짓게 하거나, 마음을 아프게 하거나, 상처를 주면 그것 역시 살인죄와 같은 것임을 말씀합니다. 그래서 사도 바울은 "만일 식물이 내 형제로 실족케 하면 나는 영원히 고기를 먹지 아니하여 내 형제를 실족치 않게 하리라(고

전8:13)"고 까지 말씀하지 않았습니까? 저는 우리 모든 성도들이 어떠한 경우에도 다른 사람의 마음을 아프게 하거나 괴로움을 주지 않기를 바랍니다. 한 걸음 나아가서, 항상 모든 사람들을 격려하고 세워주는 자들이 되기를 바랍니다.

사실 이 말씀들은 어마어마한 말씀이고 무시무시한 말씀입니다. 그렇지 않습니까? 우리 가운데 이 모든 부분에 있어서 완전히 자유로울 사람이 누가 있겠습니까? 정도의 차이는 있지만 우리가 어떻게 분노하지 않을 수 있겠습니까? 다른 사람들을 무시하거나 모욕을 주지 않는 사람이 누가 있습니까? 또한 다른 사람의 마음을 아프게 하고 상처를 주지 않는 사람이 누가 있겠습니까?

그러나 이러한 말씀들의 핵심도 역시 잘못하면 그렇게 벌한다는 데 있지 않습니다. 이러한 말씀들의 강조점은 그러한 것들이 큰 죄인 것을 명심하고, 우리 주변의 모든 사람들을 존귀하게 여기고 사랑하고 또한 모든 사람과 화목하라는 것에 있습니다. 그래서 예수님께서 우리에게 중요한 말씀을 하셨습니다. 사람에게 한 것이 바로 예수님에게 한 것이라는 것입니다. 예수님께서는 형제에게 분노하는 것은 주님께 한 것이요, 형제를 무시하는 것도 주님께 한 것이요, 형제를 사랑하고 귀하게 여기는 것도 주님께 한 것이라고 말씀합니다. 우리 주위 사람들에게 행하는 모든 것이 하나님께 한 것인 줄 믿습니다. 왜 그렇습니까? 그 사람들 안에 하나님의 형상이 있기 때문입니다.

그러면 어떻게 형제에게 노하지 않고 형제를 무시하거나 모욕을 주지 않고 살 수 있습니까? 그것은 억지로 불가능합니다. 억지로 하면 화병이 납니다. 자연스럽게 되어야 합니다. 그것은 하나님의 사랑을 더욱 깊이 경험하고, 하나님을 더욱 깊이 사랑하는 것입니다. 하나님에 대한 사랑이 깊어지면 자연스럽게 이웃에 대한 사랑의 마음이 더욱 깊어지지 않을 수 없고 주위의 모든 사람들이 귀하게 여겨지지 않을 수 없습니다. 물론 주위에 보면 예수 믿지 않아도 타고 나면서부터 이타적이고 희생하고 섬기는 사람들이 있습니다. 현재 내 모습에서 이웃을 더욱 사랑할 수 있으려면, 하나님의 사랑을 깊이 경험하고, 하나님을 더욱 사랑하게 될 때 가능할 줄 믿습니다. 허드슨 테일러는 중국 사람을 참으로 사랑했던 분이었습니다. 어느 분이 허드슨 테일러에게 왜 그렇게 중국을 사랑하고 중국 사람들을 위해 살게 되었느냐고 물었을 때, 그는 이렇게 고백했다고 합니다.

"저는 중국 사람들을 사랑했기 때문이라기보다는, 하나님을 사랑했기 때문입니다."

불효와 납치의 죄

계속해서 본문 15-17절에서 사형에 해당하는 죄 세 가지를 언급하고 있습니다.

자기 아버지나 어머니를 치는 자는 반드시 죽일지니라. 사람을 납치한 자가 그 사람을 팔았든지 자기 수하에 두었든지 그를 반드시 죽일지니라. 자기의 아버지나 어머니를 저주하는 자는 반드시 죽일지니라.

부모님을 치는 자, 사람을 유괴하는 자, 그리고 부모님을 저주하는 자는 죽임을 당해야 한다는 것입니다. 여기에서 부모를 친다는 것은 단순히 폭력만을 의미하지 않습니다. 부모님에 대한 행동 전체를 포함한다고 할 수 있습니다. 부모님께 함부로 행동하거나 대항하고 반항하는 것을 포함합니다. 또한 부모님을 저주한다는 것은 부모님을 업신여기고, 무시하는 것이고 부모님께 함부로 말하는 것을 포함합니다. 이런 측면에서 보면, 저는 우리말에 존댓말이 있는 것은 참으로 다행스럽고 감사한 일이라 생각합니다.

15-17절을 정리하면, 크게 두 가지 죄에 대한 것입니다. 하나는 불효에 관한 것이고, 다른 하나는 사람을 납치하는 것과 관련됩니다. 이 말씀들도 역시 벌에 대한 것이 핵심이 아니고, 부모님께 불효하는 죄와 사람을 납치하는 죄가 얼마나 큰지를 강조하는 것입니다. 하나씩 살펴보도록 하겠습니다.

먼저, 부모님께 불효하는 죄입니다. 성경을 보면 부모님께 효도하는 것에 대한 명령이 얼마나 크고 강한지 쉽게 알 수 있습니다. 십계명에도 사람에 대한 계명 가운데 첫 번째가 부모님에 대한 것입니다. 오늘 본문에서도 보통 사람들은 살인을 해야 사형에 해당하지만, 오직 부모님만큼은 저주만 하여도 죽임을 당하도록 명령하고 있습니다. 뿐만 아니라 성경에는 부모님에 대한 태도와 자세가 너무도 중요하기에 부모님께 효도하는 사람에 대한 많은 복과 은혜들이 약속되어 있습니다.

그러면 왜 하나님께서 부모님에 대한 태도와 자세를 중요하게 여기시는 것일까요?

그것은 부모님은 눈에 보이는 하나님과 같은 분이시고, 부모님은 하나님의 대리자로 우리에게 주신 분이기 때문입니다. 신명기에서는 아버지의 가장 중요한 역할 가운데 하나가 자녀들에게 하나님의 말씀을 가르치는 것임을 말씀합니다(신 6:7). 잠언에서는 여호와를 경외하는 것과 부모님 말씀에 순종하는 것을 연결해서 말씀합니다(잠 1:7-8). 레위기에서는 하나님의 이름을 저주하면(למם) 사형에 처해야 한다고 말씀하는데(레 24:15-16), 오늘 본문과 비교하면, 부모님을 저주하는 것과 하나님을 저주하는 것에 같은 처벌을 명령하고 있습니다. 이와 같이 성경은 부모님께 하나님의 권위를 부여하셨습니다. 그렇기 때문에 부모님의 권위에 대한 도전은 하나님에 대한 도전이고, 정당한 부모님의 말씀에 불순종하는 것은 하나님께 불순종하는 것이 됩니다.

사랑하는 성도 여러분,
우리는 하나님의 권위를 인정하는 것처럼 부모님의 권위를 인정하고, 하나님을 섬기는 것처럼 부모님께 행동과 말로 공경해야 할 줄 믿습니다. 예수님 시대의 바리새인들의 문제 가운데 하나는 하나님께 드림이 되었다고 하면서 부모님께 대한 약속과 의무를 소홀히 하는 것이었습니다(마 15:4-5). 다시 말해, 하나님께 대한 봉사와 헌신을 핑계 삼아 부모님께 대한 의무를 소홀한 것입니다. 예수님께서 그것을 책망하셨습니다. 하나님에 대한 의무가 절대적인 것처럼 부모님에 대한 의무도 어떤 것에도 양보되지 않는 절대적인 것인 줄 믿습니다. 저는 우리 모두가 하나님을 인정하고 섬기는 것처럼, 부모님을 인정하고 공경하는 자가 되기를 원합니다.

다음으로, 본문에서 사형을 명령한 또 한 가지 죄는 사람의 납치에 관한 것입니다. 납치는 문자적으로 사람을 도둑질하는 것입니다. 8계명의 "도둑질 하지 말라"와 원어가 같습니다(גנב). 오늘날 사람을 납치(또는 유괴)하는 문제가 우리 사회의 심각한 문제 가운데 하나인데, 당시에도 그런 것 같습니다. 특히 당시에는 강제로 사람을 납치하여 노예로 삼는 일이 있었다고 합니다. 대표적인 성경의 예가 요셉입니다. 그런데 다른 물건을 도둑질하는 것은 그것에 해당하는 것을 갚으면 되었으나, 사람을 도둑질하는 것은 사형에 해당한다고 말씀합니다. 다시 한 번 하나님의 형상대로 지음 받은 사람이 얼마나 존귀한 존재인지 확인시켜 줍니다.

물론 오늘날도 어린 아이나 연약한 여인들을 납치해서 그들의 생명을 담보로 자신의 유익을 추구하는 사람들이 있습니다. 하지만 우리 성도 가운데 문자적으로 사람을 납치하는 분은 없을 것입니다. 그러면 이 계명은 우리와 상관없는 것일까요? 조심스럽지만, 만약 예수님께서 이 부분에 대해서 말씀하셨다면 어떻게 말씀하셨을까요? 아마 예수님께서 이렇게 말씀하시지 않을까 생각됩니다. "너희가 사람을 납치하는 자는 심판을 받는다고 들었지만, 나는 너희에게 말하노니 너희 자신의 유익을 위해서 사람을 이용하는 자는 심판을 받을 것이다." 왜냐하면 사람을 납치하는 것은 사람을 이용해서 자신의 이득을 챙기는 것이기 때문에 그렇습니다. 사실 우리는 살면서 자신의 유익을 위해서 사람을 이용하는 경우가 많습니다. 이 부분에 대해서도 경중의 차이는 있겠지만 역시 자유스러울 사람이 그렇게 많지 않을 것입니다. 그러나 우리의 유익을 위해서 하나님의 형상대로 지음 받은 사람을 이용하는 것은 하나님을 이용하는 것임을 기억해야 될 줄 믿습니다. 저는 우리 모두가 다른 사람을 이용하지 않는 차원을 넘어서 다른 사람을 위해서 희생하고 섬기는 자들이 되기를 원합니다.

이제 말씀을 정리합니다.

오늘 본문이 핵심적으로 강조하는 것은 우리 모두는 존귀한 자들이라는 것입니다. 왜 그렇습니까? 그것은 우리 인간은 하나님의 형상대로 지음 받았기 때문입니다. 그렇기 때문에 우리는 먼저 우리 자신이 하나님 앞에서 존귀한 자임을 늘 기억해야 합니다. 그리고 어떠한 상황에서도 낙심하지 않아아 합니다. 뿐만 아니라 우리 주위의 모든 사람들도 하나님의 형상대로 지음 받은 존귀한 자들임을 기억합니다. 왜냐하면 그들에게 행한 것이 주님께 행한 것이기 때문입니다. 그것을 기억할 때 우리가 좀 더 우리의 이웃을 귀하게 여기고 사랑하게 될 줄 믿습니다. 또한 오늘 본문은 하나님을 섬기고 귀하게 여기듯이 부모님을 존중히 여기고 공경해야 한다고 말씀하고 있습니다. 이 은혜가 우리 모두에게 임하기를 간절히 바랍니다.

출애굽기 21:18-25

손해보상법

　계속해서 구약의 율법을 살펴보고 있는데요. 지난주에는 죄를 범한 자를 반드시 죽여야 할 죄에 대해서 함께 생각해 보았습니다. 무엇보다도 율법은 사람을 죽이면 반드시 죽여야 한다고 명령하고 있습니다. 그것은 우리 인간이 하나님의 형상대로 지음 받은 존귀하고 특별한 존재이기 때문입니다.

　그러나 예수님께서는 단순히 문자적으로 사람을 죽이는 것만을 살인이라고 하지 않고 형제에게 계속해서 분노의 마음을 가지고 있는 것, 형제의 인격을 모독하거나 무시하는 것 그리고 형제를 실족시키는 것(즉, 형제에게 죄를 짓게 하거나 형제의 마음에 상처를 주는 것)도 사람을 죽이는 것이라고 말씀하셨습니다.

　그러면서 이웃에게 한 것이 바로 예수님께 한 것이라고 말씀하셨습니다. 그러니까 모든 사람을 대할 때 예수님께 하는 것처럼 하라는 것입니다. 우리 모두는 예수님을 대하듯이 서로가 존귀하게 여기고, 예수님을 사랑하듯 서로 사랑하고, 예수님과 화목하듯 서로 화목해야 할 줄 믿습니다.

　또한 부모님을 치거나 저주한 자도 죽여야 한다고 명령하고 있습니다. 보통 사람들은 죽여야만 살인죄가 적용되는데 부모님께는 행동과 말로 부모님의 권위를 무시하거나 모욕하는 정도의 죄만 지어도 결코 용서받지 못한다는 것입니다. 그것은 부모님은 하나님의 대리자로서 우리에게 주신 분이기 때문입니다. 우리는 하나님의 권위를 인정하는 것처럼 부모님의 권위를 인정해 드리고, 하나님을 섬기듯이 부모님을 공경해야 할 줄 믿습니다. 마지막으로 사람을 납치한 자도 죽여야 한다고 명령하고 있습니다. 납치한 자는 사람의 생명을 담보로 해서 자기의 이익을 취하는 자를 말합니다. 포괄적으로 적용하면, 사람을 이용해서 자기의 이득을 챙기는 죄가 여기에 속할 것입니다. 우리는 다른 사람을 이용하지 않는 정도의 차원을 넘어서 다른 사람을 위해서 희생하고 섬기는 자들이 되어야 할 줄 믿습니다.

중심을 보시는 하나님

오늘 본문부터 22장 15절까지는 소위 '손해배상법'에 대한 것입니다. 살인죄, 불효죄, 유괴죄 등을 범한 자는 반드시 죽여야 하지만, 그 외에 다른 방법으로 다른 사람에게 손해를 입혔을 때 그러한 죄를 지은 사람을 어떻게 처벌하며, 또한 피해를 당한 사람에게 어떻게 보상해야 하느냐는 것입니다. 특별히 오늘 본문은 다른 사람의 신체에 상해를 입혔을 경우에 대해서 말씀합니다. 먼저 18-19절을 보겠습니다.

> 사람이 서로 싸우다가 하나가 돌이나 주먹으로 그의 상대방을 쳤으나 그가 죽지 않고 자리에 누웠다가 지팡이를 짚고 일어나 걸

으면 그를 친 자가 형벌은 면하되 그간의 손해를 배상하고 그가
완치되게 할 것이니라

여기에서 '싸우다(ריב)' 는 말싸움 또는 논쟁을 의미합니다. 또한 '돌이나 주먹으로 사람을 친다' 는 것은 고의적이고 계획적으로 사람을 다치게 한 경우가 아니라 말다툼을 하다가 우발적으로 사람을 쳐서 다치게 하는 경우를 말합니다. 민수기와 신명기를 보면 고의적이고 계획적으로 사람을 죽이는 경우가 언급되어 있습니다. 예를 들어, 민수기 35:16에서는 철 연장, 큰 돌 그리고 나무 연장 등으로 계획적으로 사람을 죽이면 반드시 죽여야 한다고 했고, 신명기 19:11에서는 숨어 있다가 계획적으로 죽인 경우도 죽이라고 하였습니다. 오늘 본문은 그러한 예들과 비교되는 경우입니다. 돌은 특별히 준비하지 않아도 어디서나 쉽게 구할 수 있습니다. 그렇기 때문에 의도하지 않았는데 말싸움하다가 홧김에 우발적으로 주변에 있는 돌을 이용하거나 주먹으로 사람을 쳐서 다치게 할 수 있습니다. 그 때에 만약 상대방이 죽으면 아무리 우발적이라고 할지라도 사형에 해당하였지만, 만약 죽지 않으면 부상기간 중 일하지 못한 손해를 배상하고 완전히 치료될 때까지 도움을 주어야 했습니다.

20-21절을 보겠습니다.

사람이 매로 그 남종이나 여종을 쳐서 당장에 죽으면 반드시 형
벌을 받으려니와 그가 하루나 이틀을 연명하면 형벌을 면하리니
그는 상전의 재산임이라

이 구절은 주인이 종을 때려서 죽일 때에 관한 규정입니다. 당시

의 종은 일종의 재산이었기 때문에 마치 부모가 자식을 매질하는 것처럼 주인이 종에게도 매질하는 것이 허용되었습니다. 그런데 주인이 종을 때려서 '즉시' 죽으면 역시 대원칙에 따라 주인이라도 죽임을 당해야 했습니다. 하지만 하루나 이틀 지난 다음에 죽은 경우에는 그 형벌을 면했습니다. 여기에서 '하루나 이틀이 지났다'는 것은 주인이 종을 죽이고자 하는 의도가 없었는데 실수로 죽였다는 것을 의미합니다. 만약 주인이 죽이려고 작심하였다면 즉시 죽었을 것인데, 실수로 잘못 맞아서 하루 이틀 앓다가 죽는다는 것입니다.

물론 의도적으로 죽이려고 했어도 하루나 이틀 있다가 죽을 수도 있고, 의도하지 않아도 즉시 죽을 수 있습니다. 그렇기 때문에 이 법을 악의적으로 이용할 수도 있었을 것입니다. 물론 그럴 경우에는 당시에도 재판제도가 있었기 때문에 재판을 통해 시시비비를 가렸을 것입니다. 그러나 본문에서의 관건은 주인이 종을 때릴 때 의도적으로 죽이려고 했느냐, 아니면 그럴 의도가 없었느냐 하는 것입니다.

그런데 종의 경우에는 의도성이 없다면 육체에 피해를 입어도 주인에게 형벌이 주어지지 않았습니다(21절). 그것은 당시 노예는 주인의 소유 또는 재산이었기 때문입니다. 만약 노예가 죽거나 일하지 못하면 그 만큼 주인이 물질적(또는 재산의) 손해를 보았습니다. 노예를 잃어버린 것 또는 노예가 일하지 못한 것 자체가 주인에게는 벌이라고 할 수 있습니다.

정리하면, 위의 두 규정의 핵심은 다른 사람에게 상해나 피해를 입혔을 때 그것이 우발적이냐 아니면 고의적(의도적)이냐는 것입니다. 처음의 경우는 돌이나 주먹으로 친 경우를 예로 들었고, 두 번째는 하루나 이틀 연명하는 경우를 예로 들어서 그러한 죄들의 고의성과 의도성 여부를 판단하는 기준을 제시했습니다.

그러면 이 두 규정이 보여주는 것은 무엇입니까? 그것은 하나님께서 중요하게 여기는 것은 동기, 의도 또는 마음(중심)이라는 것입니다. 혹자는 율법은 문자적이며, 외형적인 것을 강조하는 일종의 법 조항과 같은 것이라고 주장하기도 합니다. 그래서 율법적이 되지 말자고 하기도 합니다. 그것은 옳지 않습니다. 본문의 규정들이 보여주는 것처럼 율법의 강조점은 결코 형식이나 외적인 것에 있지 않았습니다. 율법이 강조하는 것은 동기와 의도와 마음이었습니다. 특히 신명기를 보면 그것이 분명히 드러납니다. 신명기에서는 하나님께서는 어떤 규정을 외적으로 지키는 것보다 마음을 다하고 뜻을 다하고 성품을 다하여 하나님을 사랑하는 것이 가장 중요하며, 그 사랑의 결과로서 율법을 지켜야 한다고 거듭 거듭 강조하고 있습니다(참고. 신 10:12, 11:1). 심지어 할례도 외적인 할례보다도 마음의 할례를 받으라고 했습니다(신 10:16).

율법 뿐 아니라 성경 전체에서 하나님께서는 '우리가 무엇을 하느냐' 보다도 '어떤 마음, 의도, 동기로 그것을 하느냐'를 중요하게 여기심을 쉽게 발견할 수 있습니다. 예를 들어 볼까요? 사무엘하 24장(역대상 21장)에는 다윗이 인구조사를 한 것이 기록되어 있습니다. 그것으로 인해 이스라엘은 벌을 받았습니다. 인구조사 그 자체는 당시의 군사력을 정비하는 차원에서 얼마든지 가능한 일이었습니다. 모세도 여러 차례 인구조사를 하지 않았습니까? 문제는 다윗이 인구조사를 한 동기였습니다.

역대상 21장을 보면 그것은 사단이 충동질 한 것이라고 하였습니다. 인구조사의 의도에는 자신의 과시, 교만함이 있었던 것입니다(삼하 24:3). 인구조사 자체가 문제가 아니라 인구조사를 하는 다윗의 동기와 마음이 악했습니다. 그래서 하나님께서 이스라엘에게 벌을 내리셨습니다.

또한 열왕기상 3장에 보면 솔로몬이 하나님께 일천 번제를 드렸을 때, 하나님께서는 솔로몬에게 "무엇을 줄까? 네가 원하는 것을 구하라"고 하셨습니다. 솔로몬이 지혜를 구했습니다. 그 때 하나님은 참으로 기뻐하셨습니다. 지혜를 구하는 것 자체는 선일 수도 있고 악일 수도 있습니다. 얼마든지 자신의 이름과 명예를 드러내기 위해서 지혜를 구할 수도 있습니다. 그러나 솔로몬은 스스로 작은 자라고 고백하면서 하나님께서 맡기신 사명을 잘 감당하기 위한 마음으로 지혜를 구했던 것입니다. 하나님께서 그 동기를 기뻐하시고 솔로몬이 구했던 지혜 외에 더 많은 것들을 주셨습니다.

사랑하는 성도 여러분,

우리 하나님은 하나님과의 관계에서 그리고 이웃과의 관계에서 어떤 것을 행하는 것보다 어떤 의도와 동기로 그것을 하느냐를 중요하게 보시는 하나님이신 줄 믿습니다.

먼저, 우리는 하나님과의 관계에서 또는 신앙생활에서 하나님께서 우리에게 가장 중요하게 보시는 것은 우리의 중심과 마음임을 명심해야 합니다. 물론 외적인 태도나 형식적인 것도 필요하고 중요합니다. 외적인 태도나 형식은 내용을 잘 지키게 하는 울타리가 되기도 합니다. 그러나 아무리 형식적으로 완벽하고 아무리 외적으로 그럴듯하게 예배하고 기도하고 헌금하고 봉사하고 구제한다고 할지라도 하나님께서 받지 않으시고 기뻐하지 않으실 수 있습니다.

이사야 1장을 보면, 이스라엘이 하나님께서 정하신 규정에 따라 최고의 예물을 드리면서 예배하고 기도하였지만 하나님께서 무엇이라고 하셨습니까? "내가 너희 예배를 기뻐하지 않는다. 너희가 내 마당만 밟을 뿐이다. 너희의 예배와 기도를 내가 역겨워서 견디지 못하겠다"고 말씀하셨습니다. 예수님 시대의 바리새인들을 보십시오. 그들이 얼마나 그럴듯하게 예배와 기도를 하고, 얼마나 철저하게 십일조를 하였습니까? 그러나 예수님께서는 그들에게 '회칠한 무덤'이라고 하셨습니다(마 23장). 겉은 아름답게 보이지만 그 안에는 죽은 사람의 뼈와 모든 더러운 것으로 가득하다는 것입니다. 그러면서 선지자 이사야의 말씀을 인용해서 "이 백성이 입술로는 나를 존경하되 마음은 내게서 멀도다(마 15:8; 막 7:6; 사 29:13)"라고 책망하셨습니다.

물론 우리 가운데 선지자 시대의 이스라엘이나 예수님 시대의 바리새인처럼 그렇게 극단적으로 이중적이며 표리부동하게 신앙생활 하는 사람들은 많지 않을 것입니다. 그런데 우리의 문제는 타성에 젖어 있는 신앙생활이라고 생각합니다. 신앙생활을 오래하다 보면 특별한 감각 없이 그저 습관적이고 형식적으로 예배하고, 기도하고, 봉사하고, 헌금하며 신앙생활 할 가능성이 있습니다. 그러한 신앙생활이 지속되면 신앙생활에 큰 의미가 없어지고, 신앙생활 하는 것이 힘들 수도 있습니다. 그것은 마치 기름칠을 하지 않는 기계를 돌리는 것과 같습니다.

저는 우리 모두가 늘 감사와 감격 가운데 신앙생활하고, 늘 마음이 드려지는 신앙생활을 하기 원합니다. 그런데 감사와 감격 속에서 마음을 드리는 신앙생활은 가만히 있어도 유지되는 것이 아닙니다. 근신하여 깨어있고 주의 은혜를 구하지 않으면 우리도 모르는 사이에 무감각하고 형식적인 신앙생활을 하게 될 가능성이 많습니다. 저도 그렇고 여러분도 그렇습니다.

우리가 항상 주님을 사랑하는 마음으로 감사와 감격으로 신앙생활 할 수 있는 여러 가지 은혜의 수단들이 있지만 가장 대표적인 것 가운데 하나가 십자가의 진리에 대한 묵상이라고 생각합니다. 이것은 제가 애용하는 방법인데요. 저는 마음이 무디어질 때마다 십자가에 나타난 하나님의 사랑과 은혜와 섭리를 묵상하고 십자가에 대한 찬송을 합니다. 그러면 다시 회복되는 경우가 많습니다. 하루에 5분만이라도 시간을 내셔서 십자가를 깊이 묵상한다면 우리는 항상 마음이 드려지는 신앙생활, 역동적이고 감격스러운 신앙생활 하게 될 줄 믿습니다.

다음으로, 우리의 지체들이나 이웃에 대한 우리의 태도 또는 자세도 마찬가지입니다. 하나님께서는 우리가 어떤 의도를 가지고 이웃을 대하느냐 또는 이웃을 대하는 우리의 중심이 어떠한가를 중요하게 여기시는 줄 믿습니다. 우리는 얼마든지 다른 사람들에게 가식적으로 대할 수 있습니다. 마음속에는 무시함이 있으면서 겉으로는 그럴듯하게 대할 수 있고, 못마땅해 하면서도 웃으며 대할 수 있고, 분노하고 미워하면서도 얼마든지 사랑하는 척 할 수 있습니다. 물론 정직하게 사는 것이 바람직하다고 생각하면서 자신의 감정을 다 표현하는 것도 바람직하지는 않습니다. 그러나 하나님께서는 우리의 중심을 보시고 우리가 표리부동하게 가식적으로 다른 사람들을 대하기를 원치 않으십니다. 우리 모두가 겉으로 뿐 아니라 진심으로 모든 사람을 귀하게 여기고, 진심으로 사랑하는 마음과 자세로 모든 사람들을 대하기를 간절히 바랍니다.

낙태는 죄입니다

이제 22-25절을 보겠습니다.

> 사람이 서로 싸우다가 임신한 여인을 쳐서 낙태하게 하였으나 다른 해가 없으면 그 남편이 청구대로 반드시 벌금을 내되 재판장의 판결을 따라 낼 것이니라. 그러나 다른 해가 있으면 갚되 생명은 생명으로, 눈은 눈으로, 이는 이로, 손은 손으로, 발은 발로, 덴 것은 덴 것으로, 상하게 한 것은 상함으로, 때린 것은 때림으로 갚을지니라.

22절은 번역과 주해에 있어서 많은 논란이 있는 구절인데요. 많은 사람들은 우리 성경에 있는 대로 '낙태'로 번역합니다. 저는 여기에서 '낙태'로 번역된 말을 '조산'이라고 번역하는 것이 바람직하다고 생각합니다. 낙태는 죽어서 태어난 것이고, 조산은 생명에는 지장이 없이 일찍 태어난 것을 의미합니다. 만약 본문을 낙태로 번역하면 배 안에 있는 태아의 생명의 가치가 무시되는 것입니다. 왜냐하면, 본문을 보면 낙태가 되어도 그에 대한 벌이 단순히 벌금 정도 밖에 주어지지 않았기 때문입니다. 그것은 태아도 생명으로 존중하는 성경 전체의 관점과 어긋납니다(참고. 시 139편).

원문을 보면 그냥 "아이들이 출산되었다(יצא)"로 되어 있습니다. 사실 이것만으로는 낙태인지 조산인지 그 의미를 정확히 분별할 수 없습니다. 그러나 히브리어 'יצא'는 '태어나다' 또는 '출생하다'를 의미하고, 성경 전체를 보면 태아도 생명임을 분명히 말씀하고 있습니다. 뿐만 아니라 '조산'으로 번역해서 이 구절을 다시 해석하면, 22절의 의미가 더욱 분명해 집니다. 즉, 본문은 임신한 여인을 다치게 할 때 해가 없이 조산하였으면 그에 상응하는 벌금을 부과하라는 것입니다. 이렇게 문맥을 보더라도 조산으로 이해하는 것이 훨씬 더 타당하다고 생각합니다.

그런데 조산으로 인해 벌금을 부과할 때 가해자는 남편이 객관적인 제 3자의 동의에 기초하여 요구하는 대로 배상해야 했습니다. 또한 만약 외부의 충격으로 아이나 산모에게 해가 있으면 동해복수법이 적용되었습니다(참고. 레 24:19-20, 신 19:21). 생명에는 생명으로, 눈에는 눈, 이는 이로, 손은 손으로, 발은 발로 갚는 것입니다. 다시 말해, 외부의 충격으로 아이가 사산했거나 산모가 죽으면 그 해를 가한 사람은 사형을 당해야 했습니다. 그리고 다른 피해가 있으면 그에 상응하는 벌이 주어졌습니다.

요즈음에 우리 사회에서 가장 심각한 문제 가운데 하나가 낙태에 대한 문제입니다. 엊그제 뉴스를 보니까 미국은 낙태를 허용하고 우리나라는 허용하고 있지 않음에도 불구하고 우리나라의 낙태율이 미국의 거의 두 배에 가깝게 많다고 합니다. 더욱 안타까운 것은 요즈음 우리나라에서 낙태가 법적으로 금지되어 있으니까 중국

에까지 가서 원정 낙태를 한다고 합니다. 그것은 사고를 당해도 보상받을 길이 없는 아주 위험한 일이라고 합니다. 낙태에 대한 많은 신학적 사회적 논란이 있지만 우리는 분명히 뱃속에 있는 아이도 하나님의 형상을 지닌 생명이라고 믿습니다. 그리고 낙태는 살인죄인 줄 믿습니다. 왜냐하면 성경이 그렇게 말씀하기 때문입니다.

동해복수법(同害復讐法)

또 한 가지 더 살펴볼 것은 동해복수법에 대한 것입니다. 본문에 언급한 동해복수법은 단지 산모에만 관련된 규정이 아니었고, 당시 모든 피해를 보상하는 상황에 적용되는 가장 기본적인 규정이었고 죄를 처벌하는 대원칙이었습니다. 그러면 동해복수법이 오늘날 우리에게도 그대로 적용되어야 합니까? 결코 그렇지 않습니다. 그러면 어떻게 적용할 수 있습니까? 우리가 율법을 적용할 때 기억해야 할 가장 중요한 원리는 그 법을 제정하신 하나님의 의도가 무엇인지 파악해서 그 의도를 우리에게 적용하는 것이라고 했습니다.

그러면 동해복수법을 제정한 하나님의 의도는 무엇입니까?

무엇보다는 이 법은 피해를 준 사람에게 같은 벌을 줌으로서 죄를 방지하고, 계속되는 복수를 막아 사회의 안정을 유지하기 위함이었습니다. 우리의 상황에서 한 번 생각해 봅시다. 우리는 누구에게나 복수심이 있습니다. 한 대 맞고 그냥 웃어넘길 수 있는 사람은 많지 않습니다. 특히 감정이 상하고 적개심이 생기면 한 대를 맞으면 몇 대를 더 때려주어야 시원하고, 또한 다른 사람에게서 손해를 보았으면 그 손해의 몇 배를 보복해야 직성이 풀리는 경우도 있습니다. 이것이 인간의 마음입니다. 그러면 상대방이 가만히 있습니까? 당한 사람은 더 큰 복수를 합니다. 보복은 악순환합니다. 그러면 당연히 사회질서가 무너지게 되어 있습니다. 그런데 같은 벌만 주게 되면 죄를 막을 뿐 아니라 계속되는 복수도 방지할 수 있게 됩니다.

두 번째, 이 법은 재판에 있어서의 법칙이었습니다. 오늘날도 그렇지만 당시에도 부자들이나 권력을 잡은 사람들은 다른 사람들에게 육체의 상해를 입히고도 돈으로 얼렁뚱땅 죄를 무마시킬 가능성이 많았습니다. 그래서 이 법은 부자들이나 권력을 잡은 자들의 편법을 방지하기 위해서 만든 것이었습니다. 사회정의의 차원이었습니다.

물론 이 법은 하나님 편에서 볼 때 진정하고 온전한 대안은 아니었습니다. 영원한 규범도 아니었습니다. 다만 당시의 상황에서 이것이 최선이었습니다. 종의 제도와 같이 교육적 의학적 차원에서 당시 이스라엘의 수준에 맞추어서 만든 법이었습니다. 이 법 역시 아직 성숙하지 않는 상태에서 한시적으로 주셨던 법입니다. 그 법의 진정한 의도 그리고 온전한 대응책을 예수님께서 말씀하셨습니다. 마태복음 5:38-42입니다. 우리가 잘 아는 말씀입니다.

> 또 눈은 눈으로, 이는 이로 갚으라 하였다는 것을 너희가 들었으나, 나는 너희에게 이르노니 악한 자를 대적하지 말라 누구든지 네 오른편 뺨을 치거든 왼편도 돌려 대며, 또 너를 고발하여 속옷을 가지고자 하는 자에게 겉옷까지도 가지게 하며, 또 누구든지 너로 억지로 오 리를 가게 하거든 그 사람과 십 리를 동행하고 네

게 구하는 자에게 주며 네게 꾸고자 하는 자에게 거절하지 말라.

율법이 제정될 당시의 이스라엘 수준에서는 그 방법이 죄를 방지하고 복수를 예방하며 사회정의를 세우는 방법이었지만, 죄를 방지하고 사회질서를 확립하는 최고의 방법 그리고 온전한 방법은 진정한 사랑과 용서의 실천이라는 것입니다. 그 대표적인 예가 손양원 목사님이 아닌가 생각합니다. 그의 사랑과 용서의 실천은 모든 사람들에게 감동을 주고 죄인을 변화시키지 않았습니까?

물론 로마서 13장에서 말씀한대로 흉악범들은 국가가 그에 맞는 벌을 주어야 하고, 더 이상 흉악한 죄가 우리 주변에서 일어나지 않도록 제도적 장치도 마련되어야 합니다. 그래야만 사회 질서가 바로 세워지고 약자가 피해보고 손해 보는 일이 없을 것입니다. 그러나 개인적으로 하나님을 믿는 우리가 가져야 할 가장 기본적인 자세는 용서와 사랑의 삶입니다. 하나님께서는 지금 우리에게도 진정 사랑과 용서를 실천하기를 원하시고 요구하시고 명령하시는 줄 믿습니다. 그래서 일흔 번씩 일곱 번이라도 용서하라고 하셨고, 만약 네가 다른 사람을 용서하지 않으면 나도 용서하지 않겠다고 하셨습니다.

얼마 전 예전에 대한생명의 회장이었던 최순영 장로님의 간증을 들은 적이 있습니다. 어느 교회에서 간증을 했는데 그것이 보도되었습니다. 그는 수 십 개의 계열사를 가지고 있었던 대그룹의 회장이었는데 정권이 바뀌면서 하루아침에 부실기업이라는 누명을 뒤집어쓰고 회사 전체를 빼앗겼다고 합니다. 그리고 2년 6개월 동안 수감 생활을 하였습니다. 여러분, 입장을 바꿔놓고 생각해서, 우리가 그런 억울한 상황에 처했다면 우리의 마음이 어떻겠습니까? 그 분은 자살을 생각하기도 했다고 합니다. 그 사람들을 도저히 용서할 수 없었다고 합니다. 그런데 하나님께서 감옥에서 그에게 은혜를 주셨답니다. 최 장로님은 크게 두 가지를 깨달았다고 합니다. 하나는 자신은 교회의 장로이고, 돈도 많이 벌어 교회도 많이 지어줬기 때문에 하나님께 칭찬받을 줄 알았는데 하나님은 그때 "나는 어디 있느냐?"하시면서 자신이 한 일들의 동기와 진실성을 깨닫게 하시더라는 것입니다. 장로님은 하나님은 외모를 보는 것이 아니라 중심을 보는 분이라는 것을 새삼 깨달았고, 자신의 신앙을 되돌아보는 계기가 되었다고 합니다. 또 한 가지는 절대로 용서할 수 없었던 사람들을 용서하게 되더라는 것입니다. 만약 다른 사람 같았으면 화병이 나서 죽었겠지만 지금 이렇게 웃으면서 이야기할 수 있다는 것입니다. 여러분, 이것이 우리 하나님이 우리에게 요구하시는 삶인 줄 믿습니다. 우리에게도 그 은혜가 임하시기를 간절히 바랍니다.

이제 말씀을 정리하겠습니다.

오늘 본문은 손해보상 가운데 육체에 상해를 입힌 경우에 대해 말씀합니다. 우발적으로 상해를 입힌 경우, 종에게 상해를 입힌 경우 그리고 임신한 여인이 조산한 경우에 대해서 말씀하고 있습니다. 그런데 오늘 본문은 율법의 특징이 무엇인지 핵심이 무엇인지 잘 보여주고 있습니다. 먼저, 율법은 동기 또는 의도를 중요하게 여긴다는 것입니다. 다음으로, 율법은 죄를 방지하고 보복을 예방하여 사회질서를 세우기 위해 주어졌다는 것입니다. 이러한 규정들을 통해 우리는 하나님과의 관계에서 그리고 다른 사람과의 관계에서 하나님께 합당한 마음을 갖자고 했습니다. 또한 죄를 방지하고 사회질서를 세우기 위해 진정 필요한 것은 용서와 사랑의 삶이라고 했습니다. 우리 모두 이렇게 살기를 간절히 바랍니다.

출애굽기 21:26-36

오직 한 번뿐인 우리의 인생

계속해서 율법을 살펴보고 있습니다. 지난주에 말씀드린 대로 출애굽기 21:18-22:15은 '손해 보상법'에 대한 것입니다. 그 가운데 출애굽기 21:18-27은 사람의 신체에 상해를 입혔을 때 그 죄를 범한 사람을 어떻게 처벌해야 하는지에 대해 언급하고 있습니다.

지난주에 다 살펴보지 못하고 크게 두 가지만 살펴보았습니다. 하나는 말싸움을 하다가 홧김에 돌이나 주먹으로 사람을 때려 우발적으로 사람을 죽인 경우와 주인이 종을 때렸는데 의도하지 않게 죽은 경우이고, 다른 하나는 임산부에게 해를 입혔을 경우입니다. 첫 번째 경우에서는 사람을 죽인 것이 의도적이냐 아니면 우발적이냐가 징벌의 기준이었습니다. 이 규정에서 우리는 율법이 강조하는 것은 외적인 행동이나 형식이 아니라 의도, 동기, 그리고 마음이라는 것을 분명히 알 수 있었습니다. 이것은 우리에게 신앙생활의 자세 그리고 이웃을 대하는 자세에 대해 중요한 교훈을 주고 있습니다.

그래서 저는 중심을 보시는 하나님 앞에서 형식화 또는 습관화

된 신앙생활을 하지 않도록 깨어 근신하자고 말씀드렸고, 표리부동하지 말고 이웃을 마음 깊은 곳에서 사랑하고 귀하게 여기자고 하였습니다.

그리고 우리의 신앙생활이 타성에 젖지 않는 방법 가운데 하나로 하루에 5분이라도 시간을 내어서 십자가의 진리를 묵상하자고 제안했습니다. 지난주에 실행해 보셨습니까? 그런데 한 가지 주의할 점이 있습니다. 십자가를 묵상함이 단지 슬퍼하거나 심각해지는 것을 의미하지는 않는다는 것입니다. 미국의 어떤 목사님이 한국에 와서 설교를 하였다고 합니다. 그런데 찬송을 하고 설교를 들으면서 예배를 드리는 한국 성도들의 표정이 너무나 엄숙하고 심각하게 보였습니다.

그 목사님께서 보시기에는 예배를 드리는 것이 아니라 마치 싸움하러 나온 전사들처럼 느껴질 정도였던 것입니다. 그 목사님이 그러한 성도들의 모습이 잘 이해가 되지 않아서 통역하시는 한국 목사님께 "한국 성도들은 왜 저렇게 표정이 무겁습니까?"라고 물었습니다.

그러자 한국 목사님이 엉겁결에 "한국 교회 성도들은 주님의 고난과 십자가를 생각해서 그렇습니다"고 대답했다고 합니다. 그 말을 들은 미국 목사님이 "그렇다면 한국 교회 성도들은 아직도 부활하신 주님을 만나보지 못했단 말입니까?"라고 말씀했다는 것입니다. 십자가를 묵상하면 감사와 감격스러운 마음이 생기고 신앙생활의 기쁨이 있을 줄 믿습니다.

다른 하나는 임신한 여인에게 해를 입혔을 경우입니다. 이와 관련하여 '동해복수법'이 언급되어 있는데, 동해복수법은 당시 손해

보상과 관련한 대원칙이었습니다. 당시에 동해복수법이 주어진 목적은 죄를 방지하고 보복의 악순환을 막기 위한 것이었습니다. 그러나 그것은 당시 이스라엘의 수준을 생각해서 한시적으로 주신 법입니다. 죄를 방지하고 보복의 악순환을 막기 위한 온전한 방법은 예수님께서 말씀하신 것처럼 똑같이 맞대응하는 것이 아니라 용서와 사랑의 삶인 줄 믿습니다.

저는 오늘날 사회적으로 신학적으로 논란이 되고 있는 사형제도도 마찬가지라고 생각합니다. 혹자는 율법에서 사형제도를 언급하고 있기 때문에 오늘날도 사형제도를 실행하는 것이 합당하다고 합니다. 그러나 거듭 말씀드린 것처럼 율법의 사형제도는 당시의 수준과 상황에서의 지침이었습니다. 물론 창세기에서도 사형에 대해 언급하고 있기 때문에 성경이 사형제도를 완전히 부정한다고 할 수는 없지만 그것이 최선의 방법은 아니라고 생각합니다(참고. 창 9:5-6). 저는 개인적으로 사형제도는 존속시키되(왜냐하면, 죄의 중대함에 대한 경고는 필요하다고 판단하기 때문입니다), 집행은 유예하는 것이 바람직하지 않을까 생각합니다.

사각지대에 대한 관심

이제 26-27절을 보겠습니다.

사람이 그 남종의 한 눈이나 여종의 한 눈을 쳐서 상하게 하면 그 눈에 대한 보상으로 그를 놓아 줄 것이며, 그 남종의 이나 여종의 이를 쳐서 빠뜨리면 그 이에 대한 보상으로 그를 놓아 줄지니라.

주인이 남종이나 여종의 몸에 상해를 입히면 그에 대한 보상으로 놓아주라는 것입니다. 종과 관련해서는 동해복수법이 문자적으로 적용되지 않았습니다. 하지만 당시에 종은 주인의 재산이었기 때문에 놓아주는 것 자체가 주인에게 형벌이 되는 것이고, 종의 입장에서는 종에서 해방되는 것이 최고의 보상이기 때문에 그렇게 규정하신 것 같습니다.

율법을 보면 종에 대한 규정과 관련하여 몇 가지 특징이 있습니다. 무엇보다도 먼저, 율법에는 종에 대한 언급이 많다는 것입니다. 언약서(출 20:22-23:33)에서도 대인관계에 대한 규정 가운데 종에 대해서 가장 먼저 언급하고 있습니다(출 21:1-11). 손해보상법에서도 종에 대해서 여러 차례 언급하고 있습니다. 다른 하나는 율법은 종과 관련하여 당시 이방나라 법에서는 볼 수 없는 파격적인 규정을 제시하고 있다는 것입니다. 당시 이방나라에서는 종을 재산으로만 생각했기 때문에 마치 물건처럼 취급하며 인격을 완전히 무시하였습니다. 율법은 그렇지 않습니다. 종도 죽이면 죽임을 당해야 했고, 종에게 상해를 입히면 종을 해방하도록 하였습니다. 또한 칠년이 지나면 종을 풀어주도록 하였고, 나갈 때도 빈손으로 보내지 말라고 하였습니다. 이것은 종이 물건 취급당하던 당시의 상황에서 파격적인 조치가 아닐 수가 없습니다. 하나님께서는 이러한 법들을 제정함으로 종의 인격과 권리를 보장해 주었던 것입니다.

그러면 왜 하나님께서 율법에서 이방 법들과는 다르게 종에 대해서 자주 언급하고, 종의 인격과 권리를 최대한으로 보장하며 파격적으로 대우해 주도록 명령하고 있을까요? 그것은 종도 역시 하나님의 형상대로 지음 받은 존귀한 자인데, 당시에 종은 제대로 사람대접을 받지 못하며 무시되고 천대받는 최고의 사각지대(잘 보이지 않고 별로 관심을 받지 못하지만, 절대적으로 도움이 필요한 지대입니다)에 있었기 때문입니다.

율법을 보면, 종 뿐 아니라 법에 의해서 제대로 보호받지 못하는 약자들(대표적으로 고아와 과부)과 어려운 삶을 사는 가난한 자들에 대한 하나님의 관심이 참으로 크다는 것을 쉽게 발견할 수 있습니다. 가깝게 출애굽기 22:21 이하에서 그 부분을 언급합니다(21, 22, 25, 26절). 이 외에도 율법을 보면 어려운 삶을 사는 사람들에게 선을 행하라는 명령들이 얼마나 많은지 모릅니다. 하나님의 시선과 관심이 온통 약자와 가난한 자들에게 있는 것 같이 보일 정도입니다. 그러한 사각지대에 있는 사람들에게 필요한 도움을 주고 선을 행하는 것을 하나님께 예배하고 예물을 드리는 것과 똑같이 하나님의 백성의 당연한 의무와 삶으로 명령하고 있습니다. 뿐만 아니라 사회적 약자들에게 선을 행한 자들에 대한 많은 복과 은혜가 약속되어 있습니다. 대표적으로 신명기 15:1-11을 보겠습니다. 하나님께서는 이스라엘이 그렇게 할 때 "너희 중에 가난한 자가 없으리라. 꾸어줄지라도 꾸지 않도록 하겠다. 다른 나라를 치리할지라도 치리함을 받지 않겠다"고 약속합니다(5-6절). 또한 9-10절을 보면, 그렇게 하지 않는 것은 죄이고(9절), 그렇게 행하면 범사와 내 손으로 하는 복을 주시겠다고 약속하셨습니다. 그러한 약속은 율법에만 나오는 것이 아닙니다. 잠언 19:17에서는 "가난한 자를 불쌍히 여기는 것은 여호와께 꾸이는 것이니 그 선행을 갚아 주시리라"고 말씀합니다. 예수님께서도 누가복음 6:38에서 "주라 그리하면 너희에게 줄 것이니 곧 후히 되어 누르고 흔들어 넘치도록 하여 너희에게 안

겨 주리라"고 말씀합니다.

　물론 우리가 복 받기 위해서 다른 사람의 도움이 필요한 사각지대를 돌아본다면, 그것은 옳지 못한 것입니다. 하지만 우리가 하나님께 순종하는 마음으로 감사하고 기쁜 마음으로 사각지대에 관심을 가지고 돌아볼 때, 하나님께서는 우리의 삶에 필요한 풍성한 복과 은혜를 주실 줄 믿습니다.

　언젠가 한 번 말씀드린 적이 있는 것 같은데, 하나님께서 우리 교회에 이렇게 많은 복과 은혜를 주신 가장 중요한 이유 가운데 하나는 우리 교회가 이 시대의 사각지대에 계신 분들에게 많은 관심을 보이고 실제로 그들을 돕기 때문이라고 생각합니다. 우리 교회 안에는 사각지대에 계신 분들을 돕기 위한 다양한 통로가 있습니다. SOS 뱅크(위기 상황에 있는 분들에게 100만원을 무이자로 대출해 주는 은행), 생명의 쌀 은행(먹을 것이 없어 굶고 계신 분들에게 무이자로 쌀을 대출해 주는 은행), 나눔 마켓(장애인이나 자녀들과 힘겹게 살아가는 엄마 가장이 벌어서 생계를 이어 갈수 있도록 삶의 터전을 마련해 주는 것), 토요봉사단, 도시락봉사, 지식봉사 등등 입니다. 저는 이러한 보통 사람들이 생각할 수 없는 아이디어가 나오는 것은 아마 사회적 책임에 대한 강한 관심이 있기 때문이라고 생각합니다. 이렇게 절대적으로 도움이 필요한 사각지대에 최선을 다해 섬기는 우리 교회에 하나님께서 어찌 풍성한 복과 은혜를 주시지 않겠습니까?

　저는 교회 뿐 아니라 개인적으로도 그 사명을 감당해야 한다고 생각합니다. 신명기 15:11을 보겠습니다.

땅에는 언제든지 가난한 자가 그치지 아니하겠으므로 내가 네게 명령하여 이르노니 너는 반드시 네 땅 안에 네 형제 중 곤란한 자와 궁핍한 자에게 네 손을 펼지니라.

실제로 사회전체를 보면 사각지대가 얼마나 많은지 모릅니다. 물론 우리 각 사람은 교회 공동체가 하는 것처럼 광범위하게 감당할 수는 없습니다. 하지만 개인적으로 우리의 삶의 처소에서 우리의 힘과 도움이 필요한 사각지대에 대한 관심이 필요하고 실제로 도움을 손을 펴야 할 줄 믿습니다. 예를 들어, 저의 경우는 학교에서 신학생들 가운데 어려움 가운데 있는 분들을 돌봐야 되겠죠? 사업하는 분들은 직원들 가운데 사각지대에 있는 분들에 대해서 특별한 관심을 가져야 될 줄 믿습니다. 직장생활하시는 분들은 직장에서 어려움 가운데 계신 분들에 대한 관심이 필요합니다. 또한 교회 안에서는 순원이나 남녀 전도회 지체 가운데 어려움에 있는 분들을 돌아보고 격려해야 될 줄 믿습니다.

요약하면, 우리 주위의 사각지대에 계신 분들을 돌아보고 선을 행하는 것은 마치 하나님께 예배하고 헌금 드리는 것처럼, 하나님의 백성의 당연한 의무인줄 믿습니다. 저는 우리 모두가 약자와 가난한 자를 돌아보라는 주의 명령에 기쁨으로 순종하여 우리의 인생과 가족과 자녀들에게서 하나님의 역사하심과 함께 하심을 경험하기를 바랍니다.

소유물의 책임과 관리

이제 28-36절을 보겠습니다. 18-27절은 사람이 직접적으로 다른 사람에게 상해를 입었을 경우에 대한 규정이라면, 28-36절은 사람이 직접적이지는 않지만 간접적으로 다른 사람이나 다른 사람의 재산에 피해를 입혔을 경우에 대한 규정입니다.

28절에서는 만약 소가 남자나 여자를 받아서 죽이면 그 소는 돌에 맞아 죽어야 한다고 했습니다. 그 소는 부정하다고 여겨졌기 때문에 먹지도 못하게 했습니다. 그러나 그것은 의도적이 아니었기 때문에 임자는 형벌을 면했습니다. 29-32절에서는 소가 본래 받는 버릇이 있는데도 주인이 관리를 소홀히 해서 그 소가 사람을 죽이면 그 소의 주인도 역시 죽임을 당해야 한다고 했습니다. 그런데 사람이 사람을 죽인 경우에는 예외 조항이 없이 반드시 죽여야 하지만(참고. 민 35:31), 소가 사람을 죽인 경우에는 재판관의 판단에 따라(아마 죄질이 악하지 않다고 판단되었을 때) 목숨을 대신하는 속죄금으로 대체할 수 있었습니다.

돈으로 배상을 할 경우에는 신분(자유인-종), 연령 그리고 성별(남녀)에 따라 보상금의 액수가 달랐습니다. 레위기 27:3-8에 속전의 금액이 나와 있습니다. 자유인일 때 20-60세는 은 50세겔, 여자는 은 30세겔, 5-20세는 남자는 은 20세겔, 여자는 은 10세겔이고, 60세 이상이면 남자는 은 15세겔, 여자는 은 10세겔이었습니다.[1] 노예일 경우는 은 30세겔을 배상해야 했습니다(32절). 이

---

1) 이스라엘은 오늘날도 세겔을 화폐의 단위로 쓰고 있는데(대개 미국의 1불이 4세겔 정도 됩니다), 은 한 세겔이 오늘날 얼마냐 하는 것은 여러 가지 주장이 있지만 은 한 세겔은 당시에 2-4일간

로 보아 아마 그 당시 노예의 값이 은 30세겔이었을 것으로 추정됩니다. 예수님도 은 30세겔에 팔리셨는데, 아마 가룟 유다가 예수님을 종의 값으로 팔았던 것 같습니다.

33-34절을 보겠습니다.

> 사람이 구덩이를 열어두거나 구덩이를 파고 덮지 아니하므로 소나 나귀가 거기에 빠지면, 그 구덩이 주인이 잘 보상하여 짐승의 임자에게 돈을 줄 것이요 죽은 것은 그가 차지할 것이니라.

여기에서 구덩이는 일반적으로 우물을 말합니다. 당시에는 물이 귀했기 때문에 우물을 파서 사용했는데 그것은 개인의 중요한 재산이었습니다. 만약 사람이 우물을 열어 두거나 우물을 파다가 덮지 않아 소나 나귀가 거기 빠지면 그에 합당한 금액을 배상해야 했습니다.

35-36절을 보겠습니다.

> 이 사람의 소가 저 사람의 소를 받아 죽이면 살아 있는 소를 팔아 그 값을 반으로 나누고 또한 죽은 것도 반으로 나누려니와, 그 소가 본래 받는 버릇이 있는 줄을 알고도 그 임자가 단속하지 아니하였으면 그는 소로 소를 갚을 것이요 죽은 것은 그가 차지할지니라.

소가 소를 받으면 짐승끼리의 사고이기 때문에 그 피해를 반씩 나누어 부담했고, 본래 받는 버릇이 있는데도 단속하지 않았으면 전체를 갚아야 했습니다.

의 임금이었다고 하는 것이 일반적인 견해입니다.

이제 정리합니다. 28-36에 있는 세 가지 손해배상법들이 공통적으로 강조하는 중요한 것은 무엇입니까? 앞의 손해배상법에서는 죄를 지을 때 의도적이냐 아니면 우발적이냐에 따라 형벌의 경중이 정해지도록 했는데, 여기에서는 다른 사람에게 피해를 주었는데 그 피해가 발생할 가능성이 있음을 알았느냐 아니면 알지 못했느냐가 형벌을 결정하는데 중요한 요소가 되었습니다. 또한 본문에 있는 규정들 속에 소와 우물이 언급된 것은 당시의 농경 사회에서 소와 우물은 각 가정의 대표적인 재산이었기 때문입니다. 그러니까 본문이 말씀하고자 하는 것은 소와 우물로 대표된 각 개인의 소유물로 인해 다른 사람이나 다른 사람의 재산이 피해를 당하지 않도록 자신의 재산을 책임지고 잘 관리하라는 것입니다. 이 세 규정이 공통적으로 강조하는 것을 한 마디로 하면 '소유주의 책임과 관리'라고 할 수 있습니다.

다른 사람의 유익을 위한 삶

그것은 오늘날 우리들에게도 그대로 적용됩니다. 하나님께서는 오늘날도 하나님께서 우리에게 맡기신 모든 것들을 우리가 책임감을 가지고 잘 관리하여서 다른 사람들에게 피해를 주지 않기를 원하십니다. 그러나 우리는 거기에 머물러서는 안 됩니다. 한 걸음 더 나아가서 하나님께서 우리들에게 맡기신 모든 것을 통해 다른 사람들에게 유익을 주는 삶을 살아야 할 줄 믿습니다.

그러면 오늘날 하나님께서 우리에게 맡기신 것들 가운데 우리가 가장 중요하게 여기는 것은 무엇이죠? 많이 있겠지만 오늘 본문의 소와 우물과 같이 우리가 가장 중요하게 여기는 것은 아마 물질(돈)과 자녀가 아닐까 생각합니다. 그렇지 않습니까? 특별히 우리나라 사람들은 돈을 벌고 모으기 위해 얼마나 부지런히 일하는지 모릅니다. 아이들에 대한 관심과 교육에 대한 열정 또한 대단합니다.

그래서 얼마 전에 오바마 대통령이 한국의 교육열에 대해서 여러 번 언급하지 않았습니까? 물론 할 수만 있으면 부지런히 그리고 열심히 일해서 돈을 많이 벌어야죠. 그런데 우리는 열심히 돈을 버는 것보다 훨씬 더 중요한 것이 있음을 명심해야 합니다. 그것은 하나님께서 주신 물질을 잘 관리하고, 그 물질을 하나님의 뜻대로 다른 사람들의 유익을 위해서 사용하는 것입니다. 아이들도 마찬가지입니다. 자녀들에 대한 열정과 헌신으로 공부 열심히 시키는 것도 중요하고 필요합니다.

그러나 더욱 중요한 것은 하나님의 뜻 안에서 자녀들의 신앙을 잘 지도하고, 그들이 다른 사람들에게 유익이 되는 인생을 살게 하는 것입니다. 요즈음 우리 사회에서는(믿는 사람들도 예외가 아닌 것 같습니다) 아이들이 공부만 잘하면 모든 것이 용납되고 있습니다. 전도사님들 이야기를 들어보면, 시험 기간이 되면 중고등부 예배 인원이 거의 절반으로 줄어든다고 합니다.

이것은 문제가 아닐 수 없습니다. 유대인들처럼 어렸을 때부터 하나님을 우선순위로 여기고 모든 것을 행하게 하는 훈련과 교육이 필요합니다. 뿐만 아니라 우리의 아이들이 자신만을 위해 이기적으로 사는 것이 아니라 하나님 나라를 위해서 그리고 다른 사람들의 유익을 위해 살 수 있도록 최선의 노력을 다해야 할 것입니다. 왜냐하면 그것이 자녀에 대한 우리의 책임과 의무요, 또한 그것이 자녀들에게도 가장 복된 일이기 때문입니다.

그런데 하나님께서 우리에게 주신 것 가운데 이러한 모든 것들을 포함해서 우리가 가장 큰 관심을 가지고 잘 관리하고 선용해야 할 것이 있습니다. 그것이 무엇입니까? 그것은 한 번 밖에 없는 우리의 인생입니다. 저는 우리 모두가 하나님께서 우리에게 허락하신 우리의 인생을 책임감을 가지고 잘 관리하고 선용하여 하나님 앞에 섰을 때에 후회 없는 인생, 부끄럽지 않은 인생을 살았다고 고백할 수 있기를 바랍니다. 솔로몬처럼 "헛되고 헛되며 헛되고 헛되니 모든 것이 헛되다"고 고백하는 일이 없기를 원합니다. 그런데 우리의 인생을 잘 관리하고 선용하여 하나님 앞에 섰을 때에 후회 없는 인생, 부끄럽지 않는 인생을 살았다고 고백하고 하나님께 칭찬받기 위해 우리에게 가장 중요한 것이 있습니다. 그것은 하나님께서 우리 각자에게 주신 사명을 분명하고 바르게 깨닫고 그것을 최선을 다해 잘 감당하는 것입니다.

여러분, 하나님께서 우리 가운데 어느 누구도 아무런 목적 없이 그냥 부르시지 않았습니다. 성경을 보면 그것이 너무도 분명합니다. 아담과 하와를 창조했을 때 하나님을 대신해서 모든 피조물들을 다스리고 정복하라고 했습니다. 아브라함을 부르셨을 때도 모든 민족의 복이 될 것이라고 했습니다. 이스라엘을 택하실 때도 거룩한 백성으로 제사장 나라의 역할을 하도록 하셨습니다(출 19장).

예수님께서 제자들을 부르실 때도 사람을 낚는 어부가 되게 할 것이라고 분명한 사명을 주시면서 부르셨습니다. 그들만 그렇습니까? 또한 오늘날 목회자들만 그렇습니까? 결코 그렇지 않습니다. 하나님께서 우리 모두, 어느 한 사람도 예외 없이 뜻과 목적이 있어서 부르신 줄 믿습니다. 우리가 어떤 그릇이나 도구를 만들 때 아무런 목적 없이 만들지 않는 것처럼 말입니다. 그렇기 때문에 우리는 구체적으로 하나님께서 왜 나를 부르셨는지 그리고 나를 통해 이루시기 원하시는 것이 무엇인지 깨닫는 것이 필요합니다. 그리고 그 부르심의 목적을 향하여 최선을 다해야 합니다. 그 때 우리의 삶이 참으로 역동적이고 적극적이고 보람 있는 삶이 될 줄 믿습니다.

그것을 우리는 사도 바울의 삶에서 볼 수 있습니다. 사도행전 20:22-24과 빌립보서 3:12-14을 보면 자신의 사명에 대한 분명한 깨달음이 그의 삶을 참으로 담대하고 적극적으로 살게 하였는지 쉽게 알 수 있습니다. 우리도 소명의식을 가지고 살면 바울처럼 역동적이고 적극적인 삶을 살 수 있습니다. 그래서 어떤 분은 "하루도 꿈을 꾸지 않고 자지 않게 하시고 하루도 꿈을 꾸지 않고 눈을 뜨지 않게 하소서!"라고 늘 기도하며 산다고 합니다. 또한 어떤 분은 사명 선언문을 날마다 낭독한 다음에 하루 일을 시작한다고 합니다.

신실함과 절제

그런데 우리의 일생을 잘 관리하고 우리에게 맡기신 사명을 감당하기 위해서 필요한 것들이 있습니다. 많이 있지만 두 가지만 말씀드리겠습니다.

하나는 충성 또는 신실함입니다. 고린도전서 4:1-4에서 사도 바울은 맡긴 자에게 요구되는 최고의 덕목은 '충성(Faithfulness: 신실함)'이라고 했습니다. 질문 하나 하겠습니다. 여러분, 나중에 주님 앞에 섰을 때에 제가 더 큰 상을 받겠어요? 아니면 여러분이 큰 더 상을 받겠습니까? 저는 목사이고, 신학교에서는 미래의 목회자들을 가르치고, 교회에서는 이렇게 설교도 하잖아요?

여러분, 사람들이 보기에 크게 보이는 일을 얼마나 많이 하느냐가 하나님께 인정받고 칭찬받는 기준이 아닙니다. 하나님께서 각자에게 주신 일을 얼마나 신실하게 최선을 다했느냐가 하나님의 인정과 칭찬을 받는 기준인 줄 믿습니다. 성경에 보면, 달란트 비유가 나옵니다. 우리가 잘 아는 것처럼, 두 달란트와 다섯 달란트 받은 사람들은 열심히 일해서 수익을 창출했지만, 한 달란트 받은 사람은 신실하게 사명을 감당치 못했습니다. 아마 그는 그것을 귀하게 보지 않았던 것 같습니다. 이 정도 가지고 열심히 해보아야 얼마나 벌수 있겠느냐고 생각했던 것 같습니다. 그는 나중에 심한 책망을 받았습니다.

오늘날 우리도 마찬가지입니다. 우리 가운데 다섯 달란트 받은 분들도 있고, 두 달란트 받은 분들도 있고, 한 달란트 받은 분들도 있습니다. 우리는 단지 우리에게 맡기신 대로 신실하게 최선을 다하면 되는 것입니다. 우리가 이것을 깨달으면 남을 부러워하지도 않을 것이고, 원망 불평도 하지 않을 것이고, 자격지심에 빠지지도 않을 것입니다. 또한 이것을 분명히 믿으면 욕심을 부리거나 무리하지도 않을 것입니다. 사도 바울이 고백한 것처럼, 사람에게 평가받는 것이 내게는 아무 것도 아니고, 나를 판단하실 분은 오직 하나님이라고 고백하면서, 나에게 주신 범위 안에서 신실하게 최선을 다하게 될 줄 믿습니다.

또 하나는 절제입니다. 고린도전서 9:25에서는 이기기를 다투는 자마다 절제하고, 자신의 몸을 쳐서 복종시킨다고 하였습니다. 여러분, 운동선수들이 경기력을 유지하기 위해 얼마나 절제하는 줄 아십니까? 동계올림픽에서 금메달을 딴 김연아 선수는 13년 동안 매일 8시간씩 꾸준하게 훈련을 했습니다. 그 과정에서 또래 친구들이 하는 것을 하고 싶었지만 절제할 수밖에 없었습니다. 또한 김연아 선수는 키가 1m 64cm인데, 몸무게는 47~48kg이고 체지방율이 10%대에 불과할 정도로 군살이 거의 없다고 합니다. 그 이유는 매일 반복되는 피겨훈련에다 웨이트트레이닝을 거르지 않기 때문이기도 하지만 무엇보다 절제 있는 식습관이 더 큰 이유라고 합니다.

피겨스케이팅은 그 특성상 체중이 단 100g만 늘어도 점프 높이가 달라지고, 착지에도 무리가 가며 아름다움을 구사할 수 있는 온갖 테크닉에 많은 제한을 갖게 됩니다. 그러니까 절제하지 않을 수 없었던 것입니다. 운동선수들 뿐 아닙니다. 자기 분야에서 탁월한 업적을 이룬 분들은 모두 절제의 사람들입니다. 자기 하고 싶은 대로 다 하면서 성공할 수 없습니다.

그러면 신앙생활에서 하나님께서 주신 사명을 감당하기 위해서 절제한다는 것은 무엇을 의미합니까? 절제한다는 것은 금욕주의를 말하는 것이 아닙니다. 신앙을 유지하고 자신의 사명을 감당하는데 방해가 되거나 지장을 주는 것을 하지 않음을 의미합니다. 물론 신앙생활을 하고 사명을 감당하는데 모두에게 공통적으로 방해되는 것이 있습니다. 대표적으로, 술, 도박, 외도 등이 있을 것입니다. 이러한 것들은 하나님과 멀어지게 하고 사명을 감당하는데 절대적으로 지장이 되는 것입니다. 그런데 어떤 것들은 개인적으로 다를 수 있습니다.

예를 들어, 연속극(또는 예능 프로그램) 보는 것, 스포츠 보는 것, 동창회 참석하는 것 등은 개인에 따라 다를 수 있습니다. 그러한 것들이 객관적으로 나쁜 일은 아닙니다. 그러한 것들이 살아가면서 필요한 경우도 많습니다. 그러나 만약 연속극 때문에 교회 예배를 빠진다면 그것을 끊는 것이 절제하는 것입니다. 음식 먹는 것도 어떤 사람에게는 절제의 대상이 안 될 수 있고, 어떤 사람들에게는 절제의 대상이 될 수 있습니다. 그런데 여러분, 우리가 기억해야 할 것은 절제는 성령의 열매입니다. 성령의 열매라는 것은 주의 은혜로 성령의 역사하심으로 자연스럽게 가능하다는 것입니다. 억지로 하는 것이 아니라 주의 은혜로 가능한 줄 믿습니다.

말씀을 맺겠습니다.

오늘 본문은 크게 두 가지 규정에 대해서 말씀하고 있습니다. 먼저는 종에 대한 규정입니다. 종에 대한 규정을 통해 우리는 하나님께서 특별히 사각지대에 있는 분들에 대한 관심이 많음을 알 수 있습니다. 우리도 우리 주위에 사각지대에 계신 분들에 대해 관심을 갖고 선을 행해야 할 것입니다. 다음으로, 자신의 소유로 다른 사람에게 피해를 주었을 때에 관한 규정입니다. 이 규정은 하나님께서 우리에게 주신 모든 소유물로 다른 사람에게 피해가 되지 않도록 잘 관리해야 함을 교훈합니다. 그러나 우리는 단지 남에게 피해를 주지 않는 차원에 머물러서는 안 됩니다. 우리는 하나님께서 우리에게 주신 것으로 다른 사람의 유익을 위해 살아야 할 줄 믿습니다.

그렇게 살기 위해서 우리의 사명을 깨닫고 그 사명을 감당하기 위해서 신실하게 최선을 다하고 절제해야 할 것입니다. 이 은혜가 우리 모두에게 임하기를 바랍니다.

출애굽기 22:1-15

그 손으로 선한 일을 하라

출애굽한 후에 이스라엘은 하나님이 주신 놀라운 기적들을 경험하면서 시내 산에 도착했습니다. 그 때 하나님께서 모세를 여러 차례 시내 산으로 부르셔서 그들에게 필요한 말씀(율법)을 주셨습니다. 출애굽기 20-23장은 하나님께서 시내 산에서 첫 번째 주신 율법입니다. 그것은 크게 두 부분으로 나누어집니다. 한 부분은 '십계명'이고(20:1-17), 다른 한 부분은 소위 '언약서'입니다. 십계명이 대원칙을 선포했다고 하면, 언약서는 십계명을 좀 더 자세히 설명하고 실제적으로 적용한 내용입니다. 이 가운데 출애굽기 21:18-22:15은 손해보상법에 대한 것입니다. 21:18-27은 사람의 신체에 상해를 입혔을 때 그 죄를 범한 사람을 어떻게 다룰 것인가에 대해 말씀하고, 21:28-36은 간접적으로 다른 사람이나 다른 사람의 재산에 피해를 입혔을 경우에 대해서 언급하고 있습니다.

가치와 의도와 상황을 고려하여

오늘 본문은 도둑질과 관련되어 있습니다. 10계명 가운데 여덟 번째 계명이 무엇이죠? '도둑질하지 말라!' 입니다. 오늘 본문은 그에 대해 실제적이면서 구체적으로 설명하고 적용하고 있습니다. 1-4절을 보겠습니다.

> 사람이 소나 양을 도둑질하여 잡거나 팔면 그는 소 한 마리에 소 다섯 마리로 갚고 양 한 마리에 양 네 마리로 갚을지니라. 도둑이 뚫고 들어오는 것을 보고 그를 쳐 죽이면 피 흘린 죄가 없으나, 해 돋은 후에는 피 흘린 죄가 있으리라 도둑은 반드시 배상할 것이나 배상할 것이 없으면 그 몸을 팔아 그 도둑질한 것을 배상할 것이요. 도둑질한 것이 살아 그의 손에 있으면 소나 나귀나 양을 막론하고 갑절을 배상할지니라.

소나 양을 도둑질해서 그것을 잡거나 팔면(즉, 없애 버리면), 소는 다섯으로 양은 넷으로 갚으라고 합니다. 4절을 보면, 만약 죽이거나 팔지 않고 살아있으면 두 배로 갚으라고 합니다. 당시 가나안에 정착한 이스라엘 민족의 주업이 농업이었기 때문에 가축은 그들의 삶과 생활에서 가장 중요하고 필요한 재산이었습니다. 따라서 가축의 절도는 가장 빈번하게 발생했다고 합니다.

그런데 소를 훔칠 때와 양을 훔칠 때의 배상이 달랐습니다. 소를 훔쳐서 잡거나 팔면 소 다섯 마리를 변상해야 했고, 양을 훔쳐서 잡거나 팔면 양 네 마리를 변상해야 했습니다. 어느 것을 훔치든지 똑같은 액수로 배상하는 것이 아니라 훔친 물건에 따라 배상해야 할 내용이 다릅니다. 소를 훔칠 때와 양을 훔칠 때의 변상해야 할 숫자는 별로 차이가 나지 않지만 소 다섯 마리와 양 네 마리를 돈으로 따지면 엄청난 차이가 납니다. 당시의 정확한 가격은 모르지만 오늘날로 따지면 소가 몇 백만 원 한다면 양은 몇 십만 원 하였을 것입니다.

　그러면 왜 그렇게 변상해야 할 액수에 많은 차이를 두었죠? 당시는 농경문화인데, 소가 중요하겠습니까? 아니면 양이 중요하겠습니까? 당연히 소가 양보다 귀하고 중요한 짐승이었습니다. 훔친 물건의 가치에 따라 처벌의 내용을 다르게 한 것입니다.

　또한 4절을 보면, 만약 죽이거나 팔지 않고 살아있으면 두 배를 갚아야 했습니다. 형량이 감소되었죠? 왜 그럴까요? 그것은 아마 죽이거나 판 것은 증거 인멸을 시도한 것일 수 있지만, 죽이거나 팔지 않고 가지고 있는 것은 아직 증거 인멸을 시도하지 않았고 또한 도둑질 한 것에 대해 양심의 갈등을 겪고 있는 과정일 수 있습니다.

　물론 여러 가지 다른 동기에 의해서 팔지 않았고 보관하였을 수도 있지만, 여기에서는 그것을 죄악의 정도(오늘날 법정 용어로 하면 '죄질')가 덜 악한 것으로 판단하는 기준으로 여겼던 것 같습니다. 2-3절은 집에 침입한 도둑에 대한 규정입니다. 만약 밤에 침입한 도둑을 죽이면 죄가 없었습니다. 그것은 정당방위로 간주되었습니다.

　그러나 낮에 침입한 도둑을 죽이면 그것은 피 흘린 죄(즉, 살인죄)에 해당한다고 하였습니다. 이것은 과잉방위로 간주되었습니다. 낮에는 침범한 끓는 죽이지 않고 다른 방법으로 충분히 물리칠 수 있다고 판단했기 때문입니다. 아무리 도둑이라도 생명만큼은 보호해야 했습니다. 앞에서 살펴본 대로 율법은 하나님의 형상대로 지음 받은 사람의 생명을 어떤 것보다 귀하게 여겼다고 했는데, 여기에서도 그것이 반영되었습니다. 이 조항은 상황에 따라 죄의 처벌이 다름을 보여줍니다.

오늘 본문에는 언급되어 있지 않지만 같은 관점의 도둑질에 대한 규정이 신명기 23:24-25에 언급되어 있습니다. 거기를 보면, 허기가 졌을 때 허기를 면하기 위해 남의 밭에 들어가서 음식을 손으로 따서 먹는 것은 허용되지만, 그릇에 담거나 낫을 대는 것은 도둑으로 간주된다고 하였습니다. 배고픈 상황이 인정되었던 것입니다. 그러나 과잉방위와 같이 도를 지나쳐서는 안 되었습니다. 이것이 율법이 말씀하는 원칙 가운데 하나입니다.

상식적인 차원에서

이상과 같이 도둑질의 처벌에 대한 규정을 살펴보면, 우리는 동일한 죄지만 훔친 물건의 가치에 따라, 의도에 따라 그리고 상황에 따라 처벌이 다르다는 것을 알 수 있습니다. 이것은 오늘날에도 죄(도둑질)를 범할 때 적용되는 일반적인 원칙입니다. 오늘날도 죄(도둑질)에 대해 형량을 부여할 때 정상을 참작합니다. 죄악의 경중, 의도 그리고 죄를 범했을 때의 상황에 따라 형량이 달라집니다. 오늘날만 그런 것이 아닙니다. 당시의 이방 나라의 법에도 보면, 모든 도둑질을 똑같이 처벌하는 것이 아니라, 죄질이나 의도나 상황에 따라 형벌이 달랐습니다. 한 걸음 더 나아가서 도둑질에 대한 규정만 그렇게 유사한 것이 아닙니다. 율법과 당시의 이방 나라의 법을 비교해 보면, 내용이 다른 것도 있었지만 기본적으로 동일한 것도 많았습니다. 왜 그렇죠?

그것은 우리 모든 인간이 하나님의 형상대로 지음 받았기 때문입니다. 우리 모두가 하나님의 형상을 따라 지음 받았기 때문에 하나님을 믿든지 믿지 않든지 모든 인간이 공통적으로 인정하고 공감하는 영역이 있습니다. 이것을 우리는 '상식'이라는 단어로 표현합니다. 우리의 신앙도 마찬가지입니다. 우리의 신앙도, 세상 사람들이 이해할 수 없고 공감할 수 없는 특별한 부분이 있는 것이 분명하지만, 상식적이어야 할 때가 많습니다.

종종 교회나 목회자가 어려움을 당하는 경우가 있는데, 상식을 벗어난 것이 그 원인이 될 때가 많습니다. 억지를 부리거나, 적절한 과정을 거치지 않거나, 편애하거나, 무례하거나, 공감대가 형성되지 않는 일을 무리하게 추진하는 등 상식을 벗어날 때 교회에 문제가 생기고 다툼이 발생하는 것입니다. 저는 그러한 일들을 자주 접하면서, 신학교를 다닐 때 앞으로 나는 상식적인 목회자가 되어야겠다고 다짐하기도 했습니다. 유학을 다녀와서 목회를 몇 년간 한 적이 있었습니다. 그 교회에 부임할 때 장로님들이 저에게 "어떤 목회를 하시겠습니까?"라고 물어 보았는데, 그 때 저는 "상식적으로 목회를 하고 싶습니다"라고 한 마디로 대답했던 기억이 납니다. 지금도 상식적으로 교수 사역을 하려고 노력하고 있습니다. 교회생활과 신앙생활도 마찬가지입니다. 상식적으로 하면 문제가 일어날 가능성이 별로 없습니다. 그런 면에서 볼 때 우리 교회는 상식적인 교회요, 상식이 통하는 교회인 줄 믿습니다. 우리 성도들도 또한 상식적인 성도가 되어야 할 줄 믿습니다.

구원받은 자이기 때문에

그런데 율법과 당시 이방 나라의 법이 상식적인 면에서 동일한 부분이 있지만, 율법과 이방 나라의 법을 구별하는 차이점, 즉 율법의 독특한 부분이 있습니다. 그것은 율법은 전체 구조나 개별적인 명령들이 구원의 문맥에 있다는 것입니다. 먼저, 율법의 전체의 구조를 보면, 구체적인 규정들을 말하기 전에 하나님께서 이스라엘에게 베푸신 구원의 역사를 먼저 말씀하고 있습니다. 출애굽기를 보면, 18장까지 출애굽 사건에 대해서 자세하게 말씀하신 다음에 19장부터 구체적인 규정들을 명령하십니다. 신명기도 5장까지 먼저 구원의 역사를 말씀한 다음에 이스라엘이 지켜야 할 규정들을 자세하게 말씀합니다. 구원 사건은 율법을 명하는 동기요 근거였던 것입니다. 또한 구체적인 규정들을 보아도 그렇습니다. 예를 들어, 두 구절만 찾아보겠습니다. 레위기 19:35-36과 신명기 24:17-18입니다.

> 너희는 재판할 때나 길이나 무게나 양을 잴 때 불의를 행하지 말고, 공평한 저울과 공평한 추와 공평한 에바와 공평한 힌을 사용하라 나는 너희를 인도하여 애굽 땅에서 나오게 한 너희의 하나님 여호와이니라.

> 너는 객이나 고아의 송사를 억울하게 하지 말며 과부의 옷을 전당 잡지 말라. 너는 애굽에서 종 되었던 일과 네 하나님 여호와께서 너를 거기서 속량하신 것을 기억하라 이러므로 내가 네게 이 일을 행하라 명령하노라.

하나님께서는 이스라엘에게 어쩌면 상식적인 명령을 하지만 그러한 명령의 동기와 목적이 이방인들의 법과 다른 것을 알 수 있습니다. 다시 말해, 하나님께서 이스라엘에게 상식적인 일을 명하시지만 그 일을 명하는 이유와 목적이 하나님께서 이스라엘에게 베푸신 구원과 관계되어 있다는 것입니다.

사랑하는 성도 여러분,
우리 하나님의 백성이 왜 도둑질을 하지 말아야 합니까? 단순히 그것이 상식적으로 선한 일이고, 우리가 인간으로서 그렇게 살아야 하기 때문이 아닙니다. 우리가 그렇게 해야 하는 직접적인 이유는 우리가 구원받은 하나님의 백성이기 때문이고, 그것을 통해 하나님을 보여주기 때문입니다. 또한 그것이 제사장으로 거룩한 백성으로 하나님의 뜻을 이루는 것이고, 그것이 하나님께 영광을 돌리는 일이기 때문입니다. 우리 교회는 선한 일을 많이 하고 있습니다. 물론 세상에도 선한 일을 하는 많은 단체들이 있습니다. 그런데 그들과 우리의 차이점은 무엇입니까? 그것은 선한 일을 하는 동기와 목적에 있습니다. 우리의 우선적인 동기와 목적은 그러한 일들을 통해 교회가 세상에 빛과 소금이 되기 위함이고, 그러한 일들을 통해 하나님의 뜻이 이루어지고 하나님께 영광이 되기 때문입니다.

오츠 슈이치라는 호스피스 전문 의사가 죽음을 눈앞에 둔 1000명의 말기 환자들이 남겼던 마지막 후회들을 모아서 『죽을 때 후회하는 스물다섯 가지』라는 책을 썼습니다. 거기에 보면 죽음 앞에 선 사람들이 후회하는 스물다섯 가지의 내용을 기록하고 있는데, 차례로 몇 가지만 소개하겠습니다. 첫 번째는 "사랑하는 사람에게 고맙다는 말을 많이 했더라면," 두 번째는 "진짜 하고 싶은 일을 했더라면," 세 번째는 "조금만 더 겸손했더라면," 네 번째는 "친절을 베풀었더라면," 다섯 번째는 "나쁜 짓을 하지 않았더라면" 등 이라고 합니다. 그렇게 후회하는 사람들이 아마 대부분 하나님을 알지 못하는 사람들일 것입니다. 그러나 우리 믿는 자들에게도 똑같이 교훈이 되고 도전이 됩니다. 왜 그렇죠? 그 이유는 그들이 고백한 내용들이 상식적이기 때문입니다.

　죽음을 눈앞에 둔 1000명의 말기 환자들이 생을 마치면서 주는 교훈처럼, 저는 우리 모두가 후회함이 없는 인생을 살기 원합니다. 나그네 인생길이 참으로 의미 있고 복되기 원합니다. 그런데 우리에게 더욱 중요한 것은 후회 없는 삶을 사는 동기와 목적입니다. 보통 사람들과 우리는 후회 없는 삶을 사는 동기와 목적에서 차이가 있어야 할 줄 믿습니다. 우리는 향방 없이 달려가는 자들이 아닙니다. 우리는 푯대를 향하여 주께서 부르신 부름의 상을 향하여 달려가는 자들입니다. 우리가 후회함이 없는 삶을 살도록 최선을 다하는 것이 나중에 주님 앞에 서야 할 하나님의 백성으로 당연한 삶이요 사명입니다. 또한 그렇게 사는 것이 하나님께 영광을 돌리는 삶입니다. 우리가 하는 모든 일에 동기와 목적이 바르고 분명할 때 더욱 기쁘고 즐겁고 감사하면서 모든 일을 하게 될 줄 믿습니다. 저는 우리 모두가 그리스도 안에서 분명한 동기와 목적이 있는 인생이 되길 바랍니다. 주님 때문에 인생이 신나고 즐겁고, 또한 주님 때문에 하는 모든 일에 심장이 뛰고 피가 끓는 우리 모두가 되기 바랍니다.

넓은 의미의 도둑질

다음으로, 본문을 보면 도둑질에 대한 배상이 상당히 가혹하다는 생각이 듭니다. 단순히 훔친 것을 도로 받거나 혼내는 정도가 아니었습니다. 4-5배로 갚아야 했고, 물건으로 갚을 수 없으면 노예로 팔려야 했습니다(3절 하). 그리고 생명을 귀하게 여기시는 하나님께서 밤에 침입한 도둑은 죽여도 될 정도였습니다.

그러면 이렇게 도둑질에 대해 가혹한 벌을 내리신 이유가 무엇입니까? 그것은 도둑질을 하지 않도록 하기 위함입니다. 앞부분에서 살인죄와 간음죄를 범하면 죽이라고 한 규정에서 죽이는 것에 강조점이 있지 않고, 하나님이 그 죄를 얼마나 싫어하시고 그 죄가 얼마나 악한지를 보여준다고 했습니다. 여기에서도 마찬가지입니다. 이렇게 도둑질에 대해 가혹한 처벌을 명령하신 것은 도둑질이 살인이나 간음보다 정도는 약하지만(그것은 죽일 죄였습니다), 하나님은 도둑질을 참으로 싫어하시고 심각한 죄로 간주하심을 보여주는 것입니다.

여러분, 도둑질은 참으로 큰 죄이고 하나님께서 싫어하시는 죄인 줄 믿습니다. 물론 우리 가운데는 남의 것을 대놓고 훔치는 분들은 없을 것입니다. 그런데 성경을 보면 단순히 남의 것을 훔치는 것만을 도둑질로 간주하지 않았습니다. 사람을 납치하는 것도 도둑질이라고 합니다. 원어가 같습니다. 또한 사람을 속여서 마음을 빼앗는 것도 도둑질이라고 합니다. 다윗의 아들 압살롬이 반역을 계획하고 백성들의 마음을 사고자 했을 때 도둑질하였다고 말씀합니다(삼하

15:6). 뿐만 아니라 율법에는 거짓 상행위에 대한 언급이 많습니다. 레위기 19:35-36이나 신명기 25:13-15를 보면, 추라든지 되라든지 저울을 속여서 팔지 말라고 계속 말씀하시고 그것을 도둑질이라고 하십니다. 오늘 본문 5-6절을 보겠습니다.

> 사람이 밭에서나 포도원에서 짐승을 먹이다가 자기의 짐승을 놓아 남의 밭에서 먹게 하면 자기 밭의 가장 좋은 것과 자기 포도원의 가장 좋은 것으로 배상할지니라. 불이 나서 가시나무에 댕겨 낟가리나 거두지 못한 곡식이나 밭을 태우면 불 놓은 자가 반드시 배상할지니라.

5-6절은 부주의로 인해 남의 밭(재산)에 손해를 입혔을 경우에 해당합니다. '관리 소홀'로 자신의 짐승이 남의 포도원이나 밭을 망가뜨리면 주인은 그에 대한 책임을 져야 했습니다. 즉, 가장 좋은 것으로 갚아야 했습니다. '부주의'로 불이 나서 다른 사람의 곡식 단에 불을 냈을 경우는(지금도 마찬가지지만 당시에도 농사를 마치고 다음 해의 농사를 대비하기 위해 밭을 태웠습니다) 반드시 배상해야 했습니다. 그러니까 자신의 관리 소홀이나 부주의로 다른 사람의 재산에 피해를 주는 것을 도둑질과 관련된 문맥에서 언급하는 것은 도둑질의 개념이 무엇인지 보여주고 있는 것입니다.

이상의 사실을 종합해 보면, 물론 좁은 의미에서의 도둑질은 남의 재물을 훔치는 것입니다. 그러나 성경에서 말씀하는 넓은 의미에서 도둑질은 나의 말이나 행동으로 인해 다른 사람의 물질이나 정신에 손해를 입히는 모든 것을 말합니다. 의도하든지 의도하지 않든지 다른 사람의 재산에 피해를 주는 모든 것이 도둑질인 것입니다. 오늘날 우리의 상황에서 예를 들어 적용해 본다면, 불법 또는 정직하지 않는 방법으로 보험료, 생활 보조금을 타는 것도 도둑질입니다. 요즈음 특별히 사회 복지가 보편화되고 보험제도가 일반화된 우리 사회에서 서류 위조나 허위사실 보고 등으로 부당하게 보조금이나 보험금을 수령하여 적발되는 경우를 매스컴에서 자주 접합니다. 그러나 우리는 내가 받으면 내가 직접적으로 의도하지는 않았지만 다른 사람이 더 많은 액수를 내야한다는 것을 기억해야 합니다. 나의 부당한 수입으로 다른 사람들에게 물질적 손해가 발생하기 때문에 그것은 도둑질이 되는 것입니다. 세금을 제대로 내지 않는 것도 도둑질입니다. 왜냐하면, 내가 내지 않으면 누군가가 내야하고 누군가가 물질적 손해를 보기 때문입니다. 또한 단순히 물건을 훔치거나 물질적 손해를 입히는 것 뿐 아니라 압살롬의 경우와 같이 사람의 마음을 훔치는 것도 도둑질입니다. 다시 말해서, 아부를 하거나 표리부동하거나 필요 이상의 접대를 해서 다른 사람의 마음을 빼앗는 것도 도둑질입니다. 이러한 일들은 우리가 도둑질이라는 죄 의식을 느끼지 않고 쉽게 범할 수 있는 잘못이요 유혹입니다. 저는 우리 모두가 좁은 의미에서 뿐 아니라 넓은 의미에서도 도둑질과 상관없는 사람들이 되기를 간절히 소원합니다.

그러면 어떻게 할 것인가?

그런데 본문을 보면 도둑질 한 사람이 할 일이 있었습니다. 그것은 무엇입니까? 무엇보다도 먼저, 실제적으로 갚아야 했습니다. 본문을 보면 분명히 갚으라고 했습니다. 갚을 재산이 없으면 몸으로 즉 노예가 됨으로 갚으라고 했습니다. 민수기 5:8-9에서는 들키지 않았더라도 본인이 그것이 죄라고 분명히 느껴지면 1/5을 더하여 갚으라고 하였고, 만약 그 사람이 없으면 친척에게 갚고 친척이 없으면, 하나님께 드려서 갚으라고 했습니다. 또한 레위기 6:1-7에서는 속죄 제물을 드리라고 했습니다. 속죄 제물로 드리라는 것은 하나님 앞에서 철저히 회개해야 한다는 말씀입니다.

그러니까 단순히 도둑질을 그만두는 일에 머물러서는 안 됩니다. 우리가 도둑질한 죄를 범하면(그것이 의도적이든 그렇지 않든 또는 직접적이든 간접적이든 다른 사람에게 재산적인 피해를 입혔으면) 우리는 두 가지를 해야 합니다. 하나는 하나님 앞에서 철저히 회개하는 것이고, 다른 하나는 피해자에게 실제적으로 배상하는 것입니다. 사람에게 물질적이나 정신적으로 피해를 입힌 죄는 하나님께 회개만 해서는 안 됩니다.

사람에게 피해를 준 것에 대해서 실제적으로 갚아야 합니다. 그 사람이 없으면 가족에게 갚아야 하고, 갚아야 할 사람이 없으면 하나님께라도 갚아야 합니다. 그렇게 하는 것이 죄의 문제를 실제적으로 해결하는 것입니다. 여기에서 우리가 명심할 것은 만약 사람에게 실제적으로 갚지 않는 상태로 하나님께 나오면 하나님께서 우리의 예배와 기도를 받지 않으신다는 것입니다.

복음서를 보면, 예수님께서 사람과 문제가 있을 때 하나님께 나아오기 전에 그것이 생각나면 먼저 사람과 화해한 다음에 예배를 드리라고 했습니다. 이것은 다른 사람과의 문제의 실제적 해결이 하나님에 나아올 전제 조건이 됨을 말씀하는 것입니다. 도둑질한 것을 회개하면서 실제적으로 갚았던 대표적인 예가 바로 삭개오입니다(눅 19:1-10). 사실 그는 스스로 죄를 고백했기 때문에 만약 도둑질하거나 다른 사람에게 물질적 피해를 입혔으면 1/5만 더해서 갚으면 됐습니다. 그러나 그는 네 배나 갚겠다고 했습니다. 이것이 하나님을 믿는 우리의 자세여야 할 줄 믿습니다. 우리 모두에게 삭개오와 같은 용기와 결단이 있기를 소원합니다.

다음으로 우리는 도둑질하는데 그치지 말고 하나님께서 우리에게 주신 것을 잘 관리하여 선한 일을 해야 합니다. 본문 2-3절은 도둑질의 처벌에 대한 규정이지만, 자기에게 맡기신 소유물을 도둑맞지 않도록 잘 관리해야 한다는 교훈도 내포하고 있습니다. 또한 오늘 본문의 7-15절에서도 남의 소유를 관리하다가 도둑질을 당하거나 피해를 입혔을 때에 어떻게 해야 할 지를 자세하게 말씀합니다. 이 말씀도 역시 맡겨진 것을 도둑질 당하거나 피해를 입히지 않도록 잘 관리해야 한다는 교훈을 포함하고 있습니다.

이 개념을 우리와 하나님과의 관계에서 적용해 보겠습니다. 성경 전체의 중요한 개념 가운데 하나는 우리가 하나님의 것을 맡아서 관리하는 청지기라는 것입니다. 내가 소유하는 모든 것은 내 것이 아니고 내가 임시로 보관하고 있는 것입니다. 하나님의 청지기로서 우리가 할 일은 하나님께서 우리에게 맡기신 것을 잘 관리하는 것입니다. 만약 그것을 내 마음대로 사용하거나, 사치하며 낭비하거나, 불필요한 곳에 써서 제대로 관리하지 못한다면, 엄격한 의미에서 그것은 하나님의 것을 도둑질한 죄를 범한 것이라고 할 수 있습니다. 우리는 신실한 청지기가 되어 하나님의 것을 잘 관리할 수 있기 바랍니다.

그런데 청지기로서 하나님께서 우리에게 맡기신 모든 것을 잘 관리하는 적극적인 방법, 또는 가장 바람직한 방법은 선한 일을 하는 것입니다. 에베소서 4:28을 보면, "도둑질 한 자는 다시 도둑질 하지 말고 돌이켜 가난한 자에게 구제할 수 있도록 자기 손으로 수고하여 선한 일을 하라"고 말씀합니다. 단지 도둑질을 그치는데 머무르지 않고 손으로 수고하여 선한 일을 하라는 것입니다. 최근에 신문을 보니까 워렌 버핏과 빌 게이츠 등이 주도해서 전 세계 억만 장자들을 상대로 생전 또는 사후에 최소한 재산 중 절반을 사회에 기부하겠다는 약속을 하는 캠페인을 벌이고 있고, 미국의 40명의 부자들이 서약을 했다고 합니다. 바람직한 일입니다. 또한 요즈음 같은 연말이 되면 어렵게 모은 돈을 몇 억 씩 적십자사 또는 대학에 기부하는 분들에 대한 기사들이 우리의 마음을 훈훈하게 하고 있습니다. 물론 저는 우리 교회 성도들은 이런 부분에서 잘하고 있다고 생각합니다. 우리 교회 홈 페이지를 보면, 참으로 따뜻한 내용들이 많습니다. 감동도 되고 도전이 됩니다.

그런데 저는 그와 같이 하나님께서 맡겨주신 재물을 선한 일에 사용하는 것은 보물을 하늘에 쌓아두는(즉, 저축하는) 것이라고 믿습니다. 왜냐하면, 이웃에게 한 것이 주님께 한 것이기 때문입니다. 마태복음 6:19-20을 보겠습니다.

> 너희를 위하여 보물을 땅에 쌓아 두지 말라 거기는 좀과 동록이 해하며 도둑이 구멍을 뚫고 도둑질하느니라. 오직 너희를 위하여 보물을 하늘에 쌓아 두라 거기는 좀이나 동록이 해하지 못하며 도둑이 구멍을 뚫지도 못하고 도둑질도 못하느니라.

하나님께서 우리에게 주신 재물을 주님을 위해서 이웃을 위해서 선하게 사용하여 보물을 하늘에 쌓아둘 때 좀과 동록이 해하지 못하고 도둑이 구멍을 뚫지도 못합니다. 그것이 가장 안전하고 확실한 방법입니다. 오늘 본문을 통해 다시 한 번 하나님께서 우리에게 맡기신 모든 재물을 선한 일에 사용함으로 하늘에 보물을 쌓고자 하는 결단과 소원이 있기를 바랍니다.

말씀을 맺겠습니다.

오늘 본문은 '도둑질 하지 말라'에 대한 말씀입니다. 그 규정은 지극히 상식적입니다. 그러나 우리가 그러한 상식적인 일을 해야 하는 동기와 목적이 분명해야 합니다. 그것은 우리가 구원받은 하나님의 백성이기 때문입니다. 뿐만 아니라 우리는 단순히 다른 사람의 것을 훔치는 것만 도둑질이 아니라 다른 사람들의 재산에 피해를 주거나 속이는 모든 것이 도둑질이라는 사실을 기억해야 합니다. 그리고 혹시 도둑질한 죄가 있으면 하나님께 회개할 뿐 아니라고 실제적으로도 갚아야 합니다. 하지만 거기에 멈추어서는 안 됩니다. 한 걸음 더 나아가서 우리는 적극적으로 선한 일을 함으로 하늘에 보물을 쌓아야 합니다. 우리 모두가 그렇게 살 수 있기를 바랍니다.

출애굽기 22:16-20

부부 사랑, 하나님 사랑

　계속해서 구약의 율법 부분을 살펴보고 있는데요, 여러분 어떻습니까? 율법을 이해하고 오늘날 우리들의 삶에 적용하기가 쉬운가요? 사실 율법의 의미와 의도를 제대로 이해해서 우리의 삶에 바르게 적용하는 것이 그렇게 쉽지는 않습니다. 그런데 우리가 율법을 이해하고 우리의 삶에 적용할 때 가장 중요한 것은 하나님께서 율법을 주신 이유 또는 그 근본적인 의도를 발견하는 것이라고 했습니다. 지난주에 우리는 도둑질과 관련한 내용을 살펴보았습니다. 우리 가운데 문자적으로 남의 것을 훔치는 사람은 많지 않을 것입니다. 그러나 도둑질하지 말라는 명령을 주신 하나님의 의도 그리고 그 명령의 기본적인 원리를 발견하여 우리의 신앙과 삶에 적용해야 합니다.

　오늘 본문도 보면 일견 우리와 크게 상관이 없는 말씀같이 보입니다. 오늘 본문은 네 가지를 명령합니다. "처녀와 동침하였으면 결혼하라." "무당을 살려두지 말라." "짐승과 행음하지 말라." "하나님 외에 다른 신에게 제사를 드리지 말라."입니다. 문자적으로만 접근하면, 우리와 크게 상관이 없는 명령들입니다. 하지만 이 말씀을 주신 하나님의 의도가 무엇인지 알면 이 말씀이 오늘날 우리에게 주는 교훈이 무엇인지 알 수 있을 것입니다.

네 가지 명령의 공통적인 것은?

먼저, 오늘 본문은 길지 않지만 논리가 없는 것 같고 내용이 왔다 갔다 하는 것처럼 보입니다. 그러나 그렇지 않습니다. 네 가지 명령에 공통점이 있습니다. 오늘 본문에서 금지한 내용들은 모두 당시 가나안에 거주하였던 사람들에게 일반화되고 보편화되었던 것들이었습니다. 레위기 18장(20장)을 보면, 당시 가나안에 거주했던 사람들의 성적 타락은 아주 심각했던 것을 알 수 있습니다. 일반적인 간음 뿐 아니라 근친상간, 동성애, 수간 등의 비정상적인 성 범죄가 그 땅에 만연해 있었습니다. 그러한 비정상적인 성행위는 그들이 하나님께 심판받은 원인 가운데 하나였습니다(레 18:24-25. 참고. 레 20:23).

따라서 하나님께서는 이스라엘이 멸망하시 낳기 위해서 그 민족들의 가증한 행위를 본받지 말라고 하신 것입니다. 또한 신명기 18:9-14에서는 당시 가나안에는 점쟁이, 신접자 그리고 무당들이 창궐하였다고 합니다. 계속해서 하나님께서는 그러한 일들을 가증히 여기신다고 하시면서, 그것 역시 그들이 멸망 받은 원인이라고 말씀합니다(신 18:12). 마찬가지로 이스라엘이 복된 삶을 누리기 위해 그 민족들의 가증한 행위를 본받지 말라고 하십니다. 또한 출애굽기 34:10-17에서 하나님께서는 가나안 백성들이 모든 신을 음란하게 섬겼던 것을 지적하시면서, 하나님과 함께 가나안의 신들을 섬기는 것을 주의하라고 엄히 경고하셨습니다.

율법 전체를 통해서 하나님께서 계속 강조했던 것 가운데 하나는 이스라엘이 가나안에 들어가서 계속된 복을 누리기 위해서(즉, 천국을 경험하고 천국을 확장하기 위해서) 절대로 가나안의 종교와 풍습에 물들지 않는 것이었습니다. 그래서 아주 잔인할 정도로 그들을 모조리 죽이라고 하였고, 이방 사람들과 교제나 결혼을 절대로 하지 말라고 하였습니다. 왜냐하면 그것이 이스라엘이 가나안의 종교와 풍습에 물들지 않는 최고의 방법이었기 때문이었습니다. 요약하면, 오늘 본문에 언급되어 있는 죄들은 당시 가나안이 멸망당한 대표적인 원인들이었습니다. 뿐만 아니라 그 죄들은 이스라엘이 하나님의 심판을 경험하지 않기 위해서 그들이 가나안에 들어가서 본받지 말아야 할 대표적인 죄들이었습니다.

그런데 여기에서 우리가 한 가지 기억할 것이 있습니다. 그것은 하나님께서는 이스라엘이 단지 소극적인 면에서 이방나라의 종교와 풍습을 본받지 않는 것에 머무르길 원치 않았다는 것입니다. 하나님께서는 적극적인 면에서 그들에게 사명을 주셨습니다. 그것은 이스라엘이 거룩한 백성으로 살고 제사장 나라의 역할을 감당하는 것이었습니다(출 19:6). 다시 말해, 이스라엘이 이방종교와 그 땅의 거민들과 구별된 모습을 보여줌으로 그들이 섬기는 하나님이 어떤 분인지 그리고 하나님을 믿는 사람들의 모습이 무엇인지 보여주기 원했습니다. 그래서 하나님께서 이스라엘에게 주신 가나안 땅은 비옥한 초승달 지역(당시 중동 지역에서 초승달처럼 되어 있는 곡창지대를 말합니다)의 중심에 위치하고 있었습니다. 또한 메소포타미아 문명과 이집트 문명의 사이에 위치하였습니다. 그러니까 하나님께서는 이스라엘을 당시 중동 지역에서 경제적으로 군사적으로 가장 중요한 위치 또는 통로에 자리 잡게 하셔서 주변의 모든 이방인들에게 이스라엘이 섬기는 하나님이 어떤 분인지 그리고 하나님을 믿는 사람들의 모습이 무엇인지 보여주기 원했던 것입니다.

여러분, 이것은 오늘날 우리에게도 똑같이 적용됩니다. 하나님께서 우리를 세상에 두신 가장 중요한 이유는 무엇입니까? 그것은 우리가 이 세대를 본받지 않고 구별된 삶을 살아서 우리를 통해 우리가 믿는 하나님을 보여주길 원하고 기독교의 본질이 무엇인지 보여주시길 원하십니다. 왜냐하면, 그것이 하나님과 우리 기독교를 가장 쉽고 분명하게 보여줄 수 있는 방법이기 때문입니다. 우리가 잘 알고 있는 것처럼, 오늘날 한국 교회는 정체 또는 마이너스 성장을 하고 있습니다. 여러 교회들이 폭력, 성, 부도덕한 문제들로 인해 쓰러져 가고 있습니다.

최근 들어 교회 문제로 소송하는 사례가 기하급수적으로 증가하고 있습니다. 그래서 교회법을 연구하고 교회 문제를 담당하는 판사와 변호사가 생기게 되었고, 사법 연수원에서도 교회분쟁을 연구하는 동아리가 있다고 합니다. 안타까운 일이 아닐 수 없습니다. 이러한 상황에서 한국 교회를 염려하는 많은 분들이 한국 교회가 이대로 가서는 안 된다고 하면서 한국교회의 부흥과 회복을 위해서 다양한 제안을 하고 있습니다. 물론 좋은 제안들이 많이 있지만, 저는 한국교회의 부흥과 회복을 위해서 가장 중요한 것은 교회가 성경에서 말씀하는 교회의 모습을 회복하는 것이고, 성도가 성경에서 말씀하는 온전한 성도의 모습을 보여주는 것이라 믿습니다.

다시 말해, 우리가 세상 사람들과 똑같은 모습이 아니라 세상 사람과 확연히 구별된 모습을 보이는 것입니다. 세상 사람들과 똑같이 거짓말하고, 똑같이 미워하고, 똑같이 법을 어기면서 세상 사람들과 같은 수준의 삶을 살아서는 안 됩니다. 저는 우리 모든 성도들이 주위의 모든 사람들에게 "역시 예수 믿는 사람이야!", "역시 예수 믿는 사람은 달라!" 라는 말을 듣기를 원합니다. 그 때 세상 사람들이 우리의 모습을 통해 예수님을 볼 것이고, 또한 우리를 통해 기독교의 본질을 알게 될 줄 믿습니다.

육적인 순결과 영적인 순결이 교환적으로 언급된 이유는?

또 한 가지 오늘 본문에서 우리는 육적인 순결과 영적인 순결이 교환적으로 언급되어 있는 것을 볼 수 있습니다. 왜 그럴까요? 서기에는 두 가지 이유가 있습니다. 첫 번째 이유는 육적인 순결의 원리와 영적인 순결의 원리가 일맥상통하기 때문입니다. 성경을 보면 부부의 원리로 하나님과 성도 사이의 관계를 설명할 때가 많습니다. 대표적인 것이 호세아서죠. 하나님께서는 선지자 호세아의 결혼을 통해 이스라엘의 모습을 보여주고, 이스라엘에 대한 하나님의 사랑을 보여줍니다. 성경은 또한 다른 신을 섬기는 것을 '간음(행음)' 이라고 합니다(참조. 렘 3-5장).

뿐만 아니라 에베소서에 보면 예수님과 교회의 원리로 부부 관계를 설명하기도 합니다. 그런데 육적인 순결과 영적인 순결이 교환적으로 언급되어 있는 더욱 중요한 이유는 우리의 신앙생활에서 영적인 순결과 육적인 순결이 분리되지 않고 서로 깊이 연결되어 있기 때문입니다. 실제적으로 율법을 보면, 영육의 순결뿐 아니라 예배와 삶 또는 신앙과 삶이 밀접하게 연결되어 있음을 알 수 있습니다.

하나님께서는 삶의 열매가 동반된 예배, 신실한 삶이 포함된 신앙생활을 강조하십니다. 그런데 이스라엘 역사를 통해서 볼 때 가장 안 되었던 부분 가운데 하나가 신앙과 삶의 분리입니다. 즉, 이원론적 삶이었습니다. 이스라엘은 엉망인 삶을 살면서 예배는 그럴듯하게 드렸습니다. 이웃(사람)에게는 함부로 대하면서 하나님은 그럴듯하게 섬겼습니다. 그 때 하나님께서 그런 예배와 믿음을 절대 받지 않으신다고 하셨습니다. 역겹다고 하셨고, 내 마당만 밟을 뿐이라고 하셨습니다(사 1:10-20).

여러분, 우리 하나님은 '신앙 따로 삶 따로'의 이원론적 모습이 아니라 신앙과 삶 모두가 순결하고 하나님께 합당하기를 원하시는 줄 믿습니다. 신학교에서 자주 쓰는 용어를 사용하면, 우리 하나님은 항상 '코람데오(Coram Deo)'의 삶을 원하십니다. '코람데오'란 말이 무슨 의미죠? '하나님 앞에서'라는 의미입니다. 그러니까 코람데오의 삶은 항상 하나님 앞에서 사는 것입니다. 하나님께서 모든 곳에서 항상 보고 계시는 것을 믿기 때문에 교회생활을 할 때나 사회생활을 할 때나, 여러 사람 앞에서나 혼자 있을 때에나 시종여일 다르지 않는 삶을 사는 것을 의미합니다. 또한 무슨 일을 하든지 잔꾀를 부리지 않고 주께 하듯 하는 삶, 누구를 대하더라도 주님을 대하듯 하는 삶을 의미합니다. 성경에 코람데오의 삶을 산 대표적인 사람이 누구죠? 요셉입니다. 보디발의 아내가 그를 유혹했을 때 요셉이 무엇이라고 말했습니까? "내가 어찌 하나님 앞에 범죄하리요." 그는 죄를 짓는 것이 근본적으로 하나님께 짓는 것으로 믿었던 것입니다. 저는 우리 모든 성도들이 신앙과 삶이 분리되지 않고, 항상 변함없이 하나님 앞에서 사는 코람데오의 삶을 살기를 간절히 바랍니다.

이제 본문을 보겠습니다. 오늘 본문은 네 개의 명령인데 크게 두 가지로 나누어집니다. 하나는 성적인 것이고 다른 하나는 하나님 섬기는 것입니다.

부부 사랑

먼저 16, 17절입니다.

> 사람이 약혼하지 아니한 처녀를 꾀어 동침하였으면 납폐금을 주고 아내로 삼을 것이요. 만일 처녀의 아버지가 딸을 그에게 주기를 거절하면 그는 처녀에게 납폐금으로 돈을 낼지니라.

처녀와 동침하면 그 처녀를 아내로 삼아야 했습니다(16절). 그런데 만약 처녀의 아비가 자신의 딸을 주기를 싫어하면 돈(납폐금, dowry: 신부의 결혼 지참금)으로 보상해야 했습니다(17절). 또한 19절에서는 짐승과 행음하는 비정상적인 성행위를 하는 사람을 죽여라고 명령하였습니다. 십계명 가운데 제 7계명에서 '간음하지 말라' 고 명령하셨는데, 오늘 본문은 그 명령 가운데 두 가지 예를 언급하고 있습니다. 레위기 18장과 20장 그리고 신명기 22(13-30절)장을 보면 7계명의 좀 더 구체적인 예들이 언급되어 있는데, 일반적인 간음 뿐 아니라 근친상간, 동성애, 그리고 오늘 본문에 언급되어 있는 수간 등이 자세히 언급되어 있습니다. 앞에서 말씀드린 것처럼 당시 가나안에는 일반적인 간음 뿐 아니라 여러 가지 비정상적인 성행위로 인한 성적 타락이 참으로 심각했습니다. 그래서 하나님께서는 율법에서 이스라엘이 그들과 같이 멸망되지 않도록 그들을 본받지 말고 성적인 순결을 유지하라고 명령하신 것입니다.

그런데 성적인 타락은 당시만 문제되는 것이 아닙니다. 오늘날 우리 사회에서도 가장 심각한 문제 가운데 하나가 바로 성적인 타락입니다. 오늘날 젊은이들은 성적으로 너무나 많이 개방되어 있습니다. 설문 조사마다 조금씩 다르지만, 대학생의 50%이상이 사랑하면 성관계가 가능하다고 응답하였다고 합니다. 요즈음에는 결혼할 때 임신한 것을 혼수라고 하기도 합니다. 최근에 '동성애 차별 금지법'이 몇몇 국회의원들에 의해 발의되기도 하였습니다. 물론 그 법안의 국회진입이 일단 차단되기는 하였지만, 그 법이 통과된다면 강단에서 동성애를 비판하면 명예훼손죄로 고발당하게 됩니다. 뿐만 아니라 소위 계약결혼, 시험결혼도 심심치 않게 보도되기도 합니다. TV나 영화 그리고 인터넷을 통해 얼마나 많은 성적인 유혹이 있는지 모릅니다.

하지만 성경(율법)은 성적인 범죄에 대해 참으로 강력하게 경고하고 있습니다. 예수님께서는 여인을 보고 계속적으로 음욕을 품는 것이 간음이라고 말씀합니다. 이것은 우리가 성적인 순결을 위해 얼마나 민감해야 하는지를 말씀합니다. 또한 이혼의 허용은 오직 간음할 때에만 가능함을 말씀합니다(마 5장, 19장). 이 말씀을 다른 각도에서 보면, 성적인 죄는 결혼 생활에서 부부가 범할 수 있는 가장 큰 죄라는 것을 의미하기도 합니다. 고린도전서 6:15-20을 보면,

음행은 성령께서 거하시는 성전인 몸을 가장 추하게 더럽히는 것이라고 말씀합니다. 그러니까 성적인 범죄는 마치 잘 차려진 음식에 더러운 쓰레기를 붓는 것과 같은 추한 것입니다. 그런데 우리 주변에서 보통 사람들 뿐 아니라 교수, 목회자, 사회운동가 등과 같이 지성인들과 지도자급에 속한 사람들도 성적인 것 때문에 넘어지는 것을 자주 봅니다. 성적인 유혹은 모든 사람에게 예외 없이 찾아오는 것 같습니다. 사실 어느 누구도 성적인 문제 앞에서 장담할 수 없습니다. 위대한 믿음의 사람 다윗도 성적인 것으로 넘어졌던 것을 성경은 말씀합니다. 요즈음 눈이 많이 오는데 눈길을 걸으면서 느끼는 것이 있습니다. 많이 미끄러워서 위험하고 힘든 길이라도 주의해서 걸으면 잘 안 넘어집니다. 그리고 넘어져도 크게 다치지 않습니다. 그러나 그렇게 어렵고 힘든 길이 아니라도 조금만 방심하면 쉽게 넘어집니다. 그리고 방심하다가 넘어지면 넘어져도 크게 다칩니다. 저는 우리 모두가 성적인 문제에 대해서 깨어 근신해야 할 줄 믿습니다. 또한 성적인 죄를 범하지 않기 위해서는 그 죄를 범할 수 있는 상황을 아예 차단하는 것이 최고의 예방법인 줄 믿습니다.

그런데 '간음하지 말라'는 명령은 적극적인 면에서 보면 '결혼의 언약 관계에 신실하라'는 명령입니다. 하나님께서는 우리가 단순히 부정적인 의미에서 죄를 짓지 않는 정도가 아니라 원래 하나님께서 창조 때 원하셨던 부부관계를 원하십니다. 하나님께서 아담에게 배필인 하와를 주셨을 때 처음으로 하였던 고백이 무엇입니까? "내 뼈 중에 뼈요, 살 중에 살이로다!" 입니다. 즉, 뜨거운 사랑의 고백입니다. 하나님께서 우리 부부들에게 원하는 것은 바로 그 뜨거운 사랑의 고백인 줄 믿습니다.

어느 오락 프로그램에서 할아버지가 할머니에게 "나는 당신에게 어떤 사람인가?"리고 물으니까 '원수' 라고 하였다고 합니다. 그래서 할아버지가 네 글자로 하라고 하니까 '평생 원수' 라고 하였다는 것입니다. 잘 알려진 이야기입니다. 실제로 요즈음 소위 '황혼 이혼' 이 갈수록 늘어나고 있습니다. 통계청 발표에 의하면, 20년 이상 살아온 부부가 황혼 이혼하는 경우가 계속해서 증가하고 있는데, 작년 통계에 의하면 이혼 건수 중에 황혼 이혼이 거의 1/4 차지한다고 합니다. 그리고 황혼 이혼이 10년 전보다 10배 가까이 늘어났다고 합니다. 그러니까 마지못해 사는 부부가 참으로 많은 것입니다. 그것은 불행한 일이 아닐 수 없습니다. 예수 믿는 우리는 부부 지간에 억지로 사는 것이 아니라 서로 존귀하고 사랑스럽기 때문에 살 수 있기를 바랍니다. 또한 아담이 하와에게 했던 뜨거운 사랑의 고백이 우리 모두 부부 지간에 넘치기를 소원합니다.

하나님 사랑

오늘 본문이 명령하는 또 한 가지는 무당을 살려두지 말라는 것과 여호와 외에 다른 신을 섬기지 말라는 것입니다(18, 20절). 무당을 살려두지 말라는 것과 여호와 외에 다른 신을 섬기지 말라는 것은 관점은 약간 다르지만 같은 차원의 말씀입니다. 무엇보다도 둘 다 당시 가나안 지역에 유행했던 것입니다. 또한 당시 전체 중동 지방에도 주술을 하는 사람, 접신하는 사람, 무당굿을 하는 사람들이 많았다고 합니다. 그들은 악한 영에 사로잡혀 주술을 통해 초인적인 능력을 발휘하였다고 합니다. 그들은 때로 사람의 미래를 예언하기도 하고, 사람보기에 놀랍고 기이한 일들을 행하였습니다. 그들의 놀라운 능력과 기이한 현상을 본 사람들은 그것으로 인해 쉽게 미혹되고, 그것들을 의지하며 섬겼다고 합니다. 뿐만 아니라 당시 가나안 사람들은 참으로 많은 신들을 섬겼습니다. 그들은 모든 곳에 산당을 지어놓고 우상을 만들어서 신들을 섬겼습니다. 그런데 그런 신들은 모두 농사와 관련된 신이요, 풍요를 가져다준다고 믿었던 신들이었습니다. 그곳에 정착한 이스라엘도 하나님과 함께 그러한 무당과 이방 신들을 섬길 가능성이 많았습니다. 무당들은 기적적인 일과 관련되어 있고, 가나안 신들은 이스라엘의 현실적인 문제와 관련되어 있었습니다. 우리 인간은 기적적인 일을 보거나 현실적인 어려움을 당하면 마음을 빼앗길 가능성이 많습니다. 특히 가나안에 정착한 이스라엘의 주업이 농업이었기 때문에 이스라엘은 현실적인 문제인 풍요에 관심을 갖지 않을 수 없었고, 눈앞에 당장 보이는 기적들에 현혹될 가능성이 있었습니다. 그래서 하나님께서 미리 이것을 경고하였던 것입니다.

이러한 현상은 오늘날도 마찬가지입니다. 오늘날 우리나라에도 무당들이 참 많습니다. 통계에 의하면, 공식 등록된 무당의 수가 10만 명이고, 실제적으로는 최소 20만 명이 넘는다고 합니다. 무당들과 관련된 1년의 경제규모가 무려 1조원이 넘는다고 합니다. 선거나 결혼을 앞두고 무당을 찾아가는 사람이 많다고 합니다. 문제는 예수를 믿는 사람들도 많지는 않지만 무당을 찾아간다는 것에 있습니다. 또한 마지막 시대의 특징 가운데 하나도 악한 영의 세력들이나 이단들이 이적을 통해 사람들을 미혹하는 것입니다(참고. 마 24

장). 이단들은 오늘날도 거짓 이적으로 성도들을 얼마나 유혹하는지 모릅니다.

저는 오늘날 우리가 하나님께서 기뻐하시는 성숙한 신앙생활하기 위해서 가장 중요한 것이 신앙의 본질을 바로 아는 것이라고 생각합니다. 마치 플러그를 꼽으면 전력이 연결되는 것처럼 생각하고 신앙생활을 해서는 안 됩니다. 물론 우리가 신앙생활하면서 현실적인 문제가 해결되는 것을 경험하는 것이 분명하고, 놀라운 기적을 체험하는 것도 당연하고 중요한 일입니다. 저도 신앙생활하면서 그러한 것들을 많이 경험했고 지금도 여전히 경험하고 있습니다. 여러분들도 마찬가지일 것입니다. 그러나 삶의 문제 해결이나 기적적인 일들을 경험하는 것이 우리 믿음 생활의 최고의 관심이 되거나 목적이 되어서는 안 됩니다. 그것은 신앙의 본질이 아닙니다.

여러분, 신앙의 본질은 무엇입니까? 여러 가지 차원에서 접근할 수 있지만 우리 신앙의 본질은 십자가에 못 박히신 예수님을 인격적으로 만나는 것이고, 그 예수님과 계속 인격적으로 교제를 하면서 영광스러운 소망을 바라보며 사는 것입니다. 여러분, 예수 믿어도 사업에 실패할 수 있습니다. 예수를 믿어도 자녀들이 원하는 대학에 못갈 수 있습니다. 예수를 믿어도 원치 않는 사고를 당할 수 있습니다. 예수를 믿어도 일찍 병에 걸려서 이 땅을 떠날 수도 있습니다. 성숙한 신앙은 하나님이 주시는 선물과 능력 때문이 아니라, 하나님이 나에게 무엇을 해 주어서가 아니라, 하나님을 인격적으로 알고 교제하며 하나님을 믿고 섬기는 것 자체를 가장 기쁘게 생각하는 신앙입니다. 하박국 선지자(합 3:16-18)의 고백은 우리 모두가 잘 알고 있습니다.

내가 들었으므로 내 창자가 흔들렸고 그 목소리로 말미암아 내 입술이 떨렸도다. 무리가 우리를 치러 올라오는 환난 날을 내가 기다리므로 썩이는 것이 내 뼈에 들어왔으며 내 몸은 내 처소에서 떨리는도다. 비록 무화과나무가 무성하지 못하며 포도나무에 열매가 없으며 감람나무에 소출이 없으며 밭에 먹을 것이 없으며 우리에 양이 없으며 외양간에 소가 없을지라도 나는 여호와로 말미암아 즐거워하며 나의 구원의 하나님으로 말미암아 기뻐하리로다.

무화과나무 잎이 마르고 포도나무에 열매가 없어도 오직 여호와 하나님 때문에 즐거워할 수 있는 우리 모두가 되어야 할 줄 믿습니다. 이 은혜가 우리 모두에게 있기를 바랍니다.

본문이 우리에게 말씀하는 또 한 가지는 하나님을 전적으로 사랑하는 것입니다. 출애굽기와 신명기를 보면, 하나님께서 십계명의 제 1, 2계명에서 하나님을 '질투하시는 하나님'이라고 말씀합니다 (출 20:5, 신 5:9, 출 34:10-17). 건강한 의미에서 질투는 사랑의 또 다른 표현입니다. 성경은 하나님께서 그의 자녀들을 질투하시며 사랑하는 것처럼 우리에게도 오직 하나님만 사랑하라고 요구하십니다. 율법과 성경의 가장 강력한 요구가 무엇인지 아십니까? 그것은 오직 하나님만을 사랑하는 것입니다. 신명기 6:5에서 "마음을 다하고 뜻을 다하고 힘을 다하여 주 너의 하나님을 사랑하라"고 하십니다. 신약에서도 하나님만을 사랑하기를 얼마나 강조하는지 모릅니다. 마태복음 10:37-38절에서, "아비나 어미를 나보다 더 사랑하는 자는 내게 합당치 아니하고 아들이나 딸을 나보다 더 사랑하는 자도 내게 합당치 아니하다"고 말씀합니다. 마태복음 6:24에서는 "한 사람이 두 주인을 섬기지 못할 것이니 주님과 재물을 겸하여 섬겨서도 안 된다"고 말씀합니다. 전적으로 그리고 오직 하나님만을 사랑하라는 하나님의 요구가 얼마나 크고 강력한지 모릅니다.

조혜연이라고 하는 우리나라 여류 바둑 기사가 있습니다. 이번에 광저우 아시안 게임에 한국 대표로 뽑힌 분입니다. 우리나라의 최고의 여류기사 가운데 한 분이라고 합니다. 그런데 이번에 그 분이 중요한 선언을 했습니다. 주일날 두는 바둑대회는 참여하지 않겠다는 것입니다. 이것은 우리나라 운동선수 가운데 최초라고 합니다. 그래서 이번 아시안 게임에서 주일날 시합을 하는 남녀가 혼합하여 한 조를 이루는 대회는 나가지 않았고 단체전만 참여했다고 합니다. 이번 뿐 아니라 몇 년 전 어느 기전의 결승전에서도 역시 같은 결정을 내렸다는 것입니다. 그래서 요즈음은 그것을 알고 협회에서 미리 그 분의 경기 일정을 조정해 준다고 합니다. 물론 주일날 운동경기를 할 수 있느냐 없느냐의 문제는 논의의 여지가 있습니다. 제가 그 분의 결정을 보면서 대단하다고 생각했던 것은 메달이라는 명예보다도 주님을 더 귀하게 여기고 사랑했다는 것입니다. 우승 상금과 준우승 상금의 차이가 많은데, 돈보다 주님을 택했다는 것입니다. 결코 쉽지 않은 일이라고 생각합니다.

사랑하는 성도 여러분,

주님께서는 우리에게 절대적인 사랑을 원하시는 줄 믿습니다. 주님과 나 사이에 다른 어떤 것도 끼어서는 안 됩니다. 물질, 명예 앞에서 주님을 실망시키지 않기를 바랍니다. 주님을 선택하기를 바랍니다. 주님 때문에 내가 가장 귀하게 여기는 것도 포기할 수 있기를 바랍니다. 사실 "주님만 사랑합니다!" 라는 말 안에 우리의 신앙의 모든 것이 들어 있습니다. 우리 모두 진실하고 뜨겁게 주님을 사랑하는 은혜가 있기를 바라고, 주님을 사랑하는 마음으로 기쁘고 즐겁게 신앙생활하기를 바랍니다.

말씀을 맺겠습니다.

오늘 본문에서 명령한 것은 당시에 가나안 지방에서 행해지고 있는 악한 일들과 관련되어 있습니다. 그러한 악한 일들은 그들의 멸망의 원인이 되었습니다. 하나님께서는 이스라엘도 동일한 심판을 경험하지 않도록 하기 위해 그것을 경고했습니다. 그 명령들을 요약하면, 육적인 순결과 영적인 순결입니다. 그런데 본문에 그 두 부분이 교환적으로 연결되어 있습니다. 그것은 우리의 신앙생활에서 영적인 순결과 육적인 순결이 분리되지 않고 서로 깊이 연결되어 있기 때문입니다. 저는 우리 모두가 삶과 신앙이 일치된 신앙생활을 하기 원합니다. 또한 본문은 우리에게 성적인 것과 하나님 섬기는 것에 대해 교훈합니다. 우리는 성적인 범죄를 범하지 않는 수준을 넘어서 부부간에 서로 뜨겁게 사랑하고, 오직 하나님만을 전적으로 사랑하는 신앙생활을 해야 할 것입니다. 이 은혜가 우리 모두에게 임하기를 간절히 바랍니다.

출애굽기 22:21-31

하나님을 경외하는 다양한 방법들

    율법을 보면서 우리는 계속해서 율법을 주신 하나님의 의도를 발견하여 적용하고 있습니다. 그런데 율법에서 하나님의 의도를 온전하고 깊이 있게 발견하기 위해 필요하고 중요한 것 가운데 하나는 성경 전체의 빛 아래서 그 본문을 보는 것입니다. 성경 전체의 빛 아래서 보지 않고 그 본문 자체에만 집중하면 본문의 의미를 왜곡할 가능성이 많습니다. 그것은 우리가 '배'라는 단어를 언급할 때, 그 배가 무엇을 의미하는지 문맥을 통해서 알 수 있는 것과 마찬가지입니다. 좀 더 신학적으로 이야기하면, 성경 전체의 빛 아래서 본문을 이해해야 하는 것은 성경의 가장 중요한 특징 가운데 하나가 '통일성'과 '점진성'이기 때문입니다. 통일성이란 성경이 다양한 저자에 의해서 다양한 환경과 시대에 쓰였지만 성경 66권이 다른 목소리를 내는 것이 아니라 주제와 내용에 있어서 통일성과 일관성을 유지하고 있다는 것입니다. 점진성은 전체 성경의 내용이 목표를 향해 점진적으로 발전한다는 것을 의미합니다. 그 목표는 무엇입니까? 그것은 예수 그리스도 안에 있는 구원입니다. 구약은 주로 예수님의 초림을 목표로 진전되고 있고, 신약은 구원의 완성 즉 주님의 재림을 목표로 나아가고 있습니다. 그렇기 때문에 우리는 성경을 읽을 때 항상 '본문이 성경의 다른 부분과 어떻게 조화를 이루는가?' 그리고 '본문이 예수 그리스도 구속 안에서 어떻게 발전되는가?'를 염두 해 두어야 합니다. 어렵게 생각되나요!

여기에서 제가 여러분들에게 당부하고 싶은 것이 있습니다. 그것은 교회에 성경 대학도 있고, 다양한 성경 공부 모임이 개설되어 있는데, 할 수만 있으면 열심히 성경을 공부하는 일에 참여 했으면 좋겠다는 것입니다. 왜냐하면, 성경이 양면성을 가지고 있기 때문입니다. 먼저 성경은 모든 사람이 다 이해할 수 있도록 쉽게 쓰여 졌습니다. 그래서 누구나 구원의 진리를 발견하는데 지장이 없도록 하였습니다. 다른 하나는 성경 안에는 수만 명 수천만 명이 다 달려들어 수천 년 동안(아니 주님 오시는 날까지) 연구해도 다 발견할 수 없는 무궁무진한 보화가 감추어져 있다는 것입니다. 여러분 그 보화를 발견했을 때의 기쁨과 감격을 아십니까? 저는 하나님께서 저를 목사로 설교자로 부르셨다는 것에 대해 감사할 때가 많습니다. 그것은 제가 여기에서 설교할 수 있기 때문이 아닙니다. 설교하는 일은 참으로 두렵고 떨리는 일입니다. 제가 목사로 설교자로 부르심 받은 것에 대해 감사한 것 가운데 하나는 제가 말씀을 연구하고 설교를 준비하면서 보화를 발견하는 기쁨과 감격 때문입니다. 그것은 제가 목사요 설교자이기 때문에 누리는 은혜입니다. 저는 우리 모든 성도들이 성경에서 보화를 발견하는 기쁨과 감격을 누리기 바랍니다.

이제 본문을 보겠습니다. 오늘 본문은 크게 네 가지 주제를 다루고 있습니다. 소외된 사람에 대한 관심과 배려, 지도자에 대한 존중, 하나님께 예물을 드림, 그리고 들에서 짐승에게 찢긴 것의 고기를 먹지 말 것 등 입니다. 사실 이 네 가지 주제는 각각이 하나의 학위 논문이 나올 정도로 광범위한 내용을 포함하고 있습니다. 오늘은 두 가지만 살펴보려고 합니다. 특히 통일성과 점진성의 측면에서 본문이 말씀하는 핵심적인 내용과 교훈이 무엇인지 같이 보면서 은혜를 나누고자 합니다.

소외 계층에 있는 사람들에 대한 관심과 배려

먼저, 21-27절을 보겠습니다.

너는 이방 나그네를 압제하지 말며 그들을 학대하지 말라 너희도 애굽 땅에서 나그네였음이라. 너는 과부나 고아를 해롭게 하지 말라. 네가 만일 그들을 해롭게 하므로 그들이 내게 부르짖으면 내가 반드시 그 부르짖음을 들으리라. 나의 노가 맹렬하므로 내가 칼로 너희를 죽이니 너희의 아내는 과부가 되고 너희 자녀는 고아가 되리라. 네가 만일 너와 함께 한 내 백성 중에서 가난한 자에게 돈을 꾸어 주면 너는 그에게 채권자 같이 하지 말며 이자를 받지 말 것이며, 네가 만일 이웃의 옷을 전당 잡거든 해가 지기 전에 그에게 돌려보내라. 그것이 유일한 옷이라 그것이 그의 알몸을 가릴 옷인즉 그가 무엇을 입고 자겠느냐 그가 내게 부르짖으면 내가 들으리니 나는 자비로운 자임이니라.

본문은 외국인, 고아, 과부 등 당시의 소외 계층에 있는 사람들에 대한 보호와 관심 그리고 그들에 대한 특별한 배려에 대해 구체적 예를 들어 말씀합니다. "이방 나그네(즉, 당시 이스라엘 사회에 거주하는 외국인들)를 압제하거나 학대치 말라"고 합니다. 오늘날도 여러 나라에서 타국인 노동자들을 차별대우 하는 경우가 있는데, 당시에도 그러한 일들이 많았던 것 같습니다. "고아와 과부를 해롭게 하지 말라"고 합니다. 고아와 과부는 고대 근동 지방에서 사회적으로 경제적으로 보호받지 못하고 억압당하는 사람들을 대표한다고 할 수 있습니다. 그러한 사회적 약자들에게 어려움을 주지 말라는 것입니다. "가난한 자에게 돈을 꾸어주거든 이자를 받지 말라(참고. 레 25:35, 신 15:7-8, 23:19-20)"고 합니다. 신명기 23:20을 보면 타국인에게는 이자를 받으라고 했습니다. 성경은 이자 자체를 금하지는 않습니다. 그러나 생활이 어려운 사람들에게는 이자를 받지 말라고 합니다. "옷을 전당잡거든 해 지기 전에 돌려주어라"고 합니다. 팔레스타인 지역은 사막성 기후이기 때문에 일교차가 큽니다. 밤에는 춥기 때문에 옷은 밤에 꼭 필요한 생활필수품이었습니다. 또한 신명기 24:6에서도 "맷돌도 전당잡지 말라"고 합니다. 왜 그렇습니까? 맷돌도 생활필수품이기 때문이었습니다. 의식주를 위한 생활필수품은 압류해서는 안 되고, 삶의 기본권은 보장해 주어야 한다는 것입니다. 뿐만 아니라 만약 그들을 해롭게 함으로 그들이 부르짖으면 하나님께서 들으시고, 그렇게 행하는 사람들에게 벌을 내리신다고 말씀합니다.

율법의 대표적인 특징 하나가 약자들 그리고 소외된 사람들에 대한 보호와 배려와 관심입니다. 언약서에서도 당시에 가장 대우받지 못했던 종에 대해 가장 많이 언급되어 있습니다. 율법뿐 아닙니다. 성경 전체를 보아도, 나그네와 고아와 과부와 같은 소외 계층에 대해 하나님께서 얼마나 특별한 관심을 보이는지 쉽게 알 수 있습니다.

하지만 오늘 본문에서 명령하는 바와 같이 우리 가운데 사회적 약자들을 힘들게 하는 사람은 별로 없을 것입니다. 특별히 우리 교회 전체적으로 이 부분에 대해 너무 잘하고 있다고 생각합니다. 더 이상을 무엇을 이야기하기가 쉽지 않습니다. 그러나 이 사회 전체를 보면 이 부분에 대한 문제가 참으로 심각한 것 같습니다. 이 시대의 가장 큰 문제점 가운데 하나가 양극화입니다. 갈수록 부익부 빈익빈이 되어가고 있습니다. 또한 많은 사람들의 최고 관심은 자기 자신과 자신의 가족입니다. 어려운 사람들에 대한 배려가 많이 부족하고, 다른 사람들의 손해에 큰 관심이 없습니다. 오직 자신의 유익과 재산을 늘리는 것에만 관심이 있습니다. 오늘날만 그런 것이 아닙니다. 성경(선지서)에서도 선지자들이 그 부분을 얼마나 책망하고 있는지 모릅니다. 이사야 선지자는 "가옥에 가옥을 이으며 전토에 전토를 더하여 빈틈이 없도록 하고 이 땅 가운데에서 홀로 거주하려 하는 자들은 화 있을진저(사 5:8)"라고 외칩니다. 저는 우리 모두가 주위의 어려운 사람을 배려할 뿐 아니라, 좀 더 적극적으로 그러한 사람들에게 선을 행하고 도움을 주는 자들이 되기를 간절히 바랍니다.

하나님의 자비하심을 본받아

그러면 왜 하나님께서 그렇게 연약하고 소외된 사람을 도와주고 배려하고 관심을 가지라고 명령하십니까? 27절을 보면, "우리 하나님은 자비하신 분이시기 때문"이라고 말씀합니다. 이 말씀의 의미를 성경 전체에서 찾아보면, 누가복음 6:36에서 원수를 사랑하고 구하는 자에게 아무 것도 바라지 말고 빌려주라고 말씀하신 다음에 "너희 하나님의 자비하심같이 너희도 자비하라"고 하셨습니다. 야고보서 2:13을 보면, 가난한 자를 멸시하지 말라고 명령하신 다음에 "긍휼을 행하지 아니하는 자에게는 내가 긍휼 없는 심판이 있으리라"고 말씀하십니다. 정리하면, 그렇게 살아야 할 이유는 자비하신 하나님을 믿는 우리가 하나님의 그 자비하심을 닮아야 하기 때문이고, 또한 그렇게 살지 않으면 하나님의 징계와 심판이 임하기 때문입니다.

그러면 이 말씀을 어떻게 실천할 수 있을까요? 감사한 것은 예수님께서 이 말씀을 우리가 어떻게 적용해야 할지 구체적으로 말씀해 주셨습니다. 누가복음 10장을 보면, 어떤 율법사가 예수님께 나아와 "내가 무엇을 하여야 영생을 얻겠습니까?"라고 물었습니다. 예수님께서 "율법이 무엇이라고 말씀하였는가?"라고 되물었습니다. 그 때 그 율법사가 "마음과 목숨과 힘과 뜻을 다하여 하나님을 사랑하고 이웃을 네 몸처럼 사랑하라고 하였다"고 대답합니다. 그러니까 예수님께서 "그대로 행하라 그러면 살 것이다"고 말씀하십니다. 그 때 그 사람이 잘난 체하며 "이웃이 누구입니까?" 물으니까 예수님께서 선한 사마리아인의 비유를 말씀하십니다. 어떤 사람이 예루살렘에서 여리고로 내려가다가 강도를 만났습니다. 그 때 제사장이 지나가다가 그것을 보고 피하여 갔고, 레위 사람도 그것을 보고 모른 체하고 갔는데 사마리아 사람이 그것을 보고 불쌍히 여겨 돌아보고 친절하게 주막에 데리고 가서 보살피다가 주인에게 부탁하고 끝까지 책임져 주는 모습을 이야기로 말씀하십니다. 그러면서 "이 세 사람 중 누가 강도 만난 자의 이웃이 되겠느냐?"고 묻습니다. 그 때 그 사람이 "자비를 베푼 자입니다"라고 대답하자, "가서 너도 이와 같이 하라"고 예수님께서 말씀하셨습니다.

이 비유는 어려운 상황 가운데 실제적으로 도움이 필요한 사람이 이웃이라는 것을 말씀합니다. 다시 말하면, 이웃 사랑이라는 것은 넓은 의미에서 주변의 모든 사람을 사랑하는 것이지만, 좁은 의미의 이웃 사랑은 우리 주변에 실제적으로 도움이 필요한 사람의 필요를 채워주는 것을 의미합니다. 여러분, 성경의 이웃 사랑은 막연한 것이 아닙니다. 오늘 본문에 언급되어 있는 이방인, 고아, 그리고 과부와 같이 우리의 도움이 필요한 사람에게 하나님의 자비하심을 본받아 자비를 베푸는 것이 이웃 사랑의 가장 대표적인 실천 방법입니다.

선을 행하는 자들에게 주시는 약속

그러면, 하나님의 자비하심을 본받아 도움이 필요한 이웃에게 자비를 베푼 사람에게 하나님께서 어떤 약속을 주셨습니까? 성경을 보면 그러한 사람들에게 주신 약속이 너무 많습니다. 신명기 15:4-6에서는 너희 중에 가난한 자가 없게 하겠고 여러 나라에 꾸어줄지언정 꾸지 않겠고 많은 나라를 통치할 것이라고 약속합니다(참고. 신 23:20). 잠언에서는 도움이 필요한 이웃에게 선을 행하는 것은 하나님께 꾸이는 것이고, 하나님께서 그 선행을 반드시 갚아 주시겠다고 말씀합니다(19:17). 누가복음 12:33에서는 가난한 자를 돕는 것이 하늘에 보물을 쌓는 것이라고 합니다. 지난번에 도둑질 하지 말고 선한 일을 하여 하늘에 보물을 쌓자고 했는데 가난한 사람을 돕는 것이 하늘에 보물을 쌓는 것이라고 말씀합니다. 마태복음 25장에서는 소외되고 어려움 당한 사람에게 한 것이 주님께 한 것이라고 말씀합니다. 저는 우리 모두가 도움이 필요한 사람들에게 도움을 주는 이웃 사랑을 실천하는 자들이 되기를 간절히 바랍니다. 뿐만 아니라 그로 인해 하늘에 상금을 쌓고 이 땅에서도 하나님의 많은 복과 은혜를 경험하시기 바랍니다.

절제와 절약

그런데 그러한 삶을 살기 위해 우리에게 필요한 것이 있습니다. 그것은 절제와 절약입니다. 사실 우리 가운데 대부분은 살기가 그렇게 넉넉하거나 풍족하지는 않습니다. 많지 않은 수입을 쪼개서 생활하고, 아이들을 교육시키며 살고 있습니다. 뿐만 아니라 외모도 좀 가꾸고, 맛있는 음식도 먹고, 문화생활도 해야 합니다. 그렇게 사는 것이 죄는 아닙니다. 그러나 선한 일을 하기 위해서 우리에게 절제가 필요합니다. 왜냐하면 우리만을 위해 다 써버리면 남는 것이 없기 때문입니다. 성경은 이웃을 내 몸과 같이 사랑해야 한다고 말씀합니다. 어려운 이들을 내 몸과 같이 생각하면 우리는 얼마든지 절약하고 절제할 수 있다고 생각합니다.

기부천사로 잘 알려진 김장훈이라는 가수 잘 아십니까? 그분은 잘 알려진 대로 집도 없고 보증금 150만 원 짜리 월세에 살면서 99년부터 12년 동안 110억을 기부했다고 합니다. 작년 연말에도 10억원을 도움이 필요한 곳에 기부했다고 하는데, 그 분의 인터뷰를 본 적이 있습니다. 기자들이 "왜 기부합니까?"라고 물었습니다. 그는 "그렇게 묻는 사람들에게 저는 오히려 '이렇게 좋은 걸 왜 안합니까?' 라고 묻고 싶어요. 한번 해보면 진짜 행복하고 좋아요. 행복하니까 하는 거죠. 나 같은 사람이 누군가를 행복하게 해줘서 그들이 행복해 하는 모습을 보는 건 정말 기쁜 일이에요"라고 대답했습니다. 계속해서 "거액의 기부금이 아깝지 않느냐?"고 물었습니다. 그 분이 이렇게 대답합니다. "저는 기부하기 위해 벌고 더 많이 기부하기 위해 더 열심히 일합니다. 나도 맛있는 음식 사먹고, 비싼 것들을 사기도 합니다. 하지만 나보다 못한 주변 사람들을 생각할 때 도가니탕을 먹으러 갔다 설렁탕을 먹고 나온 일도 있고 비싼 곳에 물건 사러가서 등을 돌리고 다시 나오는 별난 사람이 됐습니다." 저는 우리 모두도 스스로 절제하고 절약하면서 남을 도우며 사는 은혜가 있기를 바랍니다.

지도자들을 공경하는 삶

28절을 보겠습니다.

> 너는 재판장을 모독하지 말며 백성의 지도자를 저주하지 말지니라.

당시 재판장은 마을이나 족장의 어른들이었습니다. 백성의 지도자는 왕, 족장, 가장 등 백성들의 지도자 위치에 있는 사람들 모두를 포함합니다. 그러니까 백성의 지도자들을 욕하거나 저주하지 말라는 것입니다. 적극적인 측면에서 이해하면, 그들을 공경하라는 것입니다.

그러면 왜 그렇게 해야 하나요? 그것은 하나님께서 그들을 세우셨기 때문입니다. 다시 말해, 그들은 하나님의 권위를 위임받아 통치권을 행사하는 자들이기 때문에, 그들을 욕하고 저주하는 것은 하나님을 저주하고 욕하는 것이 되기 때문입니다. 좀 어려운 부분인데, 수요일 저녁이라서 말씀드립니다. 오늘 본문의 재판장은 원어에서는 '하나님(엘로힘)'입니다. 그래서 영어 번역들을 보면 원문 그대로 "하나님을 무시하지 말고, 백성의 지도자들을 욕하지 말라"라고 번역되어 있기도 합니다. 저는 그렇게 번역하는 것이 더욱 의미가 있다고 생각합니다. 왜냐하면, 히브리어 표현법에서 가장 대표적인 방법이 평행법인데(그것은 동일한 의미를 보완하는 것이다), 이 용법에 의하면 이 말씀은 하나님을 공경하는 방법 가운데 하나가 지도자를 공경하는 것이고, 지도자를 거역하고 욕하는 것은 하나님을 거역하고 욕하는 것을 의미하기 때문입니다. 비슷한 말씀이 베드로전서 2:17에 있습니다. "뭇사람을 공경하며 형제를 사랑하며 하나님을 두려워하며 왕을 공경하라"고 합니다. 여기에서도 하나님을 두려워하는 것과 왕을 공경하는 것이 연결되어 있습니다.

사랑하는 성도 여러분, 하나님께서 우리에게 허락하신 모든 공동체에서 하나님께서 허락하신 지도자들을 공경하는 것은 하나님을 공경하는 것인 줄 믿습니다.

그런데 하나님께서 오늘날 우리에게 주신 대표적인 공동체가 어떤 것이죠? 국가, 교회, 가정 그리고 직장입니다. 본문은 국가, 교회, 가정 그리고 직장의 공동체에서 지도자 또는 윗분을 욕하거나 비난하지 말고 잘 공경해야 한다고 말씀합니다. 왜 그렇습니까? 하나님께서 그 분들을 세우셨기 때문입니다.

그런데 여기에서 질문이 있을 수 있습니다. 우리 주변에 보면, 국가의 독재자들이 있습니다. 그리고 부도덕한 지도자들, 상식을 벗어난 상사들 그리고 힘들게 하는 남편들도 있습니다. 그러면 그런 분들에게는 어떻게 해야 하나요? 성경을 보면, 그래도 존중하고 인정하라고 명령하십니다. 로마서 13:1-2을 보면, "각 사람은 위에 있는 권세들에게 굴복하라 모든 권세는 하나님께로 나지 않음이 없나니 모든 권세는 다 하나님이 정하신 바라 그러므로 권세를 거스리는 자는 하나님의 명을 거스림이니 거스리는 자들은 심판을 자취하리라" 하였습니다. 그런데 사도 바울이 이 본문에서 언급한 권력은 선한 권력이었습니까? 아니면 악한 권력이었습니까? 그들은 결코 선한 권력이 아니었습니다. 그들은 악을 행하고 로마의 황제 숭배를 강요하면서 기독교를 핍박하는 권력이었습니다. 그런데도 바울은 하나님께서 정하신 바니 굴복하라고 명령합니다. 에베소서를 보면, 가정에서도 부모를 공경하라고 말씀합니다. 순종에는 "주 안에서"라는 조건이 있지만 공경하는 데는 조건이 없습니다. 그러니까 그 어떤 부모라도 공경하라는 것입니다. 또한 베드로전서 3:1-2을 보면, 주님께 순종치 않는 남편에게도 순복하라고(원어를 보면 권위를 인정하라는 의미입니다) 합니다. 왜냐하면 그러한 삶이 선을 행하는 것이고, 그 선한 행동을 통해 남편이 구원에 이를 수 있기 때문이라고 말씀합니다. 직장 생활에서도 마찬가지입니다. 최근 통계를 보면, 직장 생활에서 가장 힘든 것 가운데 하나가 까다로운 상사와 함께 일하는 것이라고 합니다. 그런데 베드로전서

2:18-21를 보면, 직장에서 선하고 관용하는 자들에게만 순복하는 것이 아니라 까다로운 자들에게도 순복하라고(권위를 인정하라고) 합니다. 그것이 하나님 앞에 아름다운 것이고, 주님을 따르는 길이라고 합니다.

악한 지도자들에 대한 자세

성경 전체에서 너무도 분명하게 악하고 힘들게 하고 마음에 맞지 않는 지도자들도 욕하거나 무시하지 말고 인정하는 것이 하나님께 합당한 것이라고 말씀합니다. 왜냐하면 그들을 주권적으로 세우신 분이 하나님이고, 그 속에 우리가 다 알지 못하는 하나님의 뜻과 섭리가 있기 때문입니다.

선지서를 보면, 이스라엘이 하나님을 거역했을 때 하나님께서 이스라엘을 여러 나라를 세워 지배하게 하셨습니다. 그 때 이스라엘은 심각하게 혼란에 빠졌습니다. '하나님께서 역사의 주관자이시고 우리가 하나님의 백성인데 하나님께서 왜 그러한 나라들로 하여금 우리를 지배하라고 하실까?' 라고 생각하면서 혼란스러워했습니다. 그 때 하나님께서 선지자들을 통해 하나님께서 그들을 세운 것이 다 하나님의 뜻과 섭리 속에서 하나님의 주권과 경영 하에서 세운 것이라고 말씀합니다(사 14: 24-27). 그리고 예레미야서에서는 그들에게 순복하는 것이 너희들이 할 일이라고 하셨습니다.

뿐만 아니라 성경을 보면 악한 지도자의 권위를 인정했던 대표적인 사람이 누구입니까? 다윗입니다. 사울은 얼마나 악한 사람이었습니까? 그러나 다윗은 주위의 모든 사람의 비난과 권유에도 불구하고 끝까지 사울의 권위를 인정하였습니다. 나중에 사울이 죽었을 때에도 다윗이 얼마나 슬퍼하며 그를 죽였다고 하는 사람을 죽이기까지 합니다. 왜 그랬습니까? 다윗은 사울을 기름 부어 세우신 하나님의 권위를 인정하였기 때문입니다. 저는 우리 모든 성도들이 권위를 인정하는 삶을 살기를 바랍니다.

그러나 우리가 주의할 것이 있습니다. 권위를 인정하고 공경하는 것과 묻지도 않고 따지지도 않고 무조건 따르는 것과는 다른 것입니다. 우리에게 분별력과 지혜가 필요합니다. 먼저, 권위가 하나님을 명백히 대항하면 또는 하나님의 뜻을 어기면 순종하지 말아야 합니다. 예를 들어, 다니엘은 바벨론에 전쟁 포로로 잡혀 갔을 때 제사 음식을 먹지 않겠다고 했습니다. 애굽 나라에 지배를 받던 시절에 이스라엘의 산모들은 국가가 남자를 죽이라고 했지만 죽이지 않았습니다. 왜 그랬습니까? 그것은 그들이 지도자의 권위보다 하나님의 권위를 더욱 중요시하였기 때문입니다. 지도자의 권위와 하나님의 권위가 충돌될 때 우리는 하나님의 권위를 우선적으로 인정하고 따라야 합니다. 더 크신 하나님의 권위와 뜻을 위반한 것인 줄 알면서도 눈앞에 있는 순간적인 이익 또는 불이익 때문에 하나님의 권위를 위반하는 것은 하나님 앞에서 죄입니다.

다음으로, 우리가 욕하고 저주하면 안 되지만 사랑하는 마음의 충고 또는 직언이 필요합니다. 지도자는 하나님이 아닙니다. 이 말은 그도 역시 인간이기에 잘못 판단할 수 있다는 것을 의미합니다. 그런데 지도자가 잘못 판단하고 있는데 비위를 맞추는 것은 지도자를 공경하는 것이 아닙니다. 그것은 지도자와 그 공동체를 망가뜨리는 것이고, 그것은 아부입니다. 아부는 마음을 도둑질하는 것입니다. 그것 역시 하나님 앞에 죄입니다.

세 번째로, 지도자도 죄를 지을 수 있습니다. 그 때 어떻게 해야 합니까? 그 때는 때로는 담대하고 때로는 지혜롭게 죄를 죄라고 할 수 있어야 합니다. 구약의 선지자들의 핵심적인 책망은 많은 부분 백성의 지도자들을 향하고 있습니다. 세례 요한은 헤롯왕이 하나님 앞에서 죄를 범했을 때 담대하게 그것이 죄라고 이야기했습니다. 나단도 지혜롭게 다윗의 죄를 지적하였습니다. 우리가 욕하고 저주해서는 안 되지만 잘못을 잘못이라고는 말할 수 있어야 합니다. 물론 폭력을 쓰거나 쿠데타를 일으키는 것은 옳지 못한 것입니다. 그러나 분명 하나님의 뜻을 범했는데 죄라고 말하지 못하고 잠잠한 것은 그것도 역시 하나님 앞에서 죄인 줄 믿습니다.

물론 어디까지 순종해야 하고, 어디까지 직언을 해야 하고, 어디까지 잘못을 이야기해야 할지에 대해 애매모호할 때가 있습니다. 우리에게 분별력과 지혜가 필요한 것이 사실입니다. 그런데 분명한 것이 있습니다, 지도자들의 권위를 인정하고 존중하는 마음으로 지도자들을 위해 기도하는 것입니다. 기도할 때 사랑하는 마음이 생기고 분별력이 생기고 하나님께 합당한 말과 행동으로 지도자들을 공경하게 될 줄 믿습니다. 특별히 여러분들에게 부탁드리고 싶은 것은 한국 교회 지도자들을 위해 사랑하는 마음으로 기도하시기 바랍니다. 우리 목사님을 위해 더욱 간절히 기도하시길 바랍니다.

말씀을 맺겠습니다.

오늘 본문은 공동체가 제대로 세워지기 위해서 두 가지 우리가 해야 할 일을 말씀하고 있습니다. 하나는 약한 자를 돌아보는 것이고 다른 하나는 지도자를 공경하는 것입니다. 그것은 당시 뿐 아니라 오늘날에도 그대로 요구됩니다. 이 시대의 가장 큰 문제는 양극화이고 권위가 무너지고 있는 것입니다. 저는 우리 모든 성도들이 약하고 소외된 자에게 한 것이 하나님께 한 것이고, 하나님이 세우신 지도자들을 공경한 것이 하나님께 한 것임을 늘 기억하며 살 수 있기를 바랍니다.

출애굽기 22:29-31

은혜와 사랑에 감사함으로

지난주에 말씀드린 것처럼 출애굽기 22:21-31은 크게 네 가지 주제를 언급하고 있습니다. 본문에는 간단하게 언급되었지만 이 네 주제는 각각 하나의 학위 논문이 나올 수 있을 정도로 중요하면서도 논란이 많은 주제입니다. 그래서 지난주에는 보통 때 쉽게 할 수 없는 이야기도 조금 한 것 같습니다. 설교할 때 청중을 고려하는 것이 중요합니다. 어떤 예배의 상황에서 누구에게 설교하느냐에 따라 설교의 내용과 전달 방법에 차이가 있을 수 있습니다. 저는 조심스럽지만 우리 성도들이 능히 딱딱한 음식도 먹을 수 있다고 생각했습니다. 오늘 본문은 나머지 두 주제인데 오늘 본문도 쉽지 않은 부분입니다.

처음 것을 하나님께

이제 본문을 보겠습니다. 29-30절입니다.

너는 네가 추수한 것과 네가 짜낸 즙을 바치기를 더디 하지 말지며 네 처음 난 아들들을 내게 줄지며, 네 소와 양도 그와 같이 하되 이레 동안 어미와 함께 있게 하다가 여드레 만에 내게 줄지니라.

29-30절에서는 하나님께 '무엇을' 그리고 '어떻게' 드려야 할지 말씀합니다. 29절에서는 "너는 추수한 것과 네가 짜낸 즙을 바치기를 더디 하지 말라"고 합니다. 여기에서 추수한 것은 밭에서 추수한 곡물을 의미하고, 짜낸 즙은 과수원에서 수확한 과실을 의미합니다. 그러니까 이 말씀은 땅의 모든 소출을 하나님께 드려야 함을 명령하는 것입니다. 본문에는 구체적으로 언급하지 않았지만 율법 전체를 보면 땅의 소출 가운데 이스라엘이 하나님께 의무적으로 드려야 할 것은 크게 두 가지였습니다. 하나는 처음 것이요, 다른 하나는 십일조입니다. 레위기 23:10에서는 "너희는 내가 너희에게 주는 땅에 들어가서 너희의 곡물을 거둘 때에 너희의 곡물의 첫 이삭 한 단을 제사장에게로 가져갈 것이요"라고 하셨습니다. 무엇을 어떻게 드리라고 하셨나요? 곡식을 거둘 때에 첫 이삭 한 단을 하나님께 드려야 한다는 것입니다. 또한 레위기 27:30에서는 "그 땅의 십분의 일 곧 그 땅의 곡식이나 나무의 열매는 그 십분의 일은 여호와의 것이니 여호와의 성물이라"고 하셨습니다. 수확의 십분이 일은 하나님의 것이기 때문에 하나님께 드려야 한다는 것입니다.

29절 하(下)와 30절에서는 처음 난 아들과 처음 난 가축을 하나님께 드리라고 하십니다. 출애굽기 34:19에서는 "모든 첫 태생은 다 내 것이며 네 가축의 모든 처음 난 수컷인 소와 양도 다 그러하며"라고 하셨습니다(참고. 출 13:12, 민 8:17 등등). 모든 첫 태생도 하나님의 것이기 때문에 하나님께 드려야 한다는 것입니다.

그러면 처음 난 아들과 가축을 어떻게 하나님께 드려야 했습니까? 물론 처음 난 아들을 문자적으로 잡아서 드리는 것은 아니었습니다. 처음 난 아들은 대속 제물을 드렸습니다. 다른 것으로 대신해서 드렸다는 것입니다. 민수기 18:16을 보면, 장자의 대속 가격을 은 다섯 세겔이라고 했습니다. 그 당시 노동자들의 1년 수입이 은 10세겔 정도였다고 합니다. 그렇다면 6개월분의 봉급을 요구하였던 것입니다. 물론 가난한 사람들에게는 적지 않은 액수였겠지만, 어느 누구도 예외 없이 첫 태생의 대속 제물을 하나님께 드려야 했습니다.

오늘날도 보수적인 유대인들은 장자 대속을 행하고 있다고 합니다. 은 다섯 세겔 대신 이스라엘 정부가 특별히 이 목적을 위해 발행한 동전을 사용하고 있습니다. 그들의 해석에 의하면, 이 규례는 태에서 처음 난 것(출13:12)에 관한 것이기 때문에 제왕절개 수술로 태어난 아이는 제외되고 오직 자연분만으로 태어난 아이들에게만 이 규례가 적용된다고 합니다. 또한 딸을 낳은 다음에 아들을 낳았으면 역시 첫 태생이 아니기 때문에 이 규례를 적용하지 않는다고 합니다. 또한 민수기 18장을 보면 짐승의 처음 난 것 가운데 거룩한 것은 불에 태워서 제사로 하나님께 드리고 부정한 것은 대속하라고 했습니다. 즉, 부정한 것은 사람과 같이 돈으로 대속하여 드렸던 것입니다. 정가에 1/5을 더해서 드리던지 아니면 팔아서 하나님께 드려야 했습니다(레 27:27). 계속해서 본문은 소나 양을 8일 만에 드리라고 하였습니다(30절). 8일 만에 드리는 것은 대개 짐승들이 8일이 지나야 면역성이 생기면서 제 구실을 할 수 있었고, 온전한 것인지 확인할 수 있었기 때문이었습니다. 이것은 온전한 것을 하나님께 드리라는 것을 의미합니다.

이제 정리합니다. 먼저 본문에서 무엇을 하나님께 드리라고 했습니까? 첫 번째 것을 하나님께 드리라고 했습니다. 즉 땅의 첫 소출,

장자 그리고 짐승의 첫 새끼를 하나님께 드려야 했습니다. 물론 오늘날도 이 말씀을 문자적으로 지키는 분들이 있습니다. 저희들 어렸을 때는 이 부분을 강조하는 교회가 많았습니다. 그래서 저도 그렇게 했습니다. 대학교 때 첫 번째 받은 장학금, 교육 전도사 때 첫 사례비, 전임이 되면서 첫 사례비, 첫 번째 책을 출간하고 받은 첫 인세 등을 하나님께 드렸던 기억이 납니다. 요즈음에는 첫 번째 것을 하나님께 드리라는 것을 강조하는 목사님이나 교회가 많지는 않는 것 같습니다. 물론 그것을 억지로 강요해서는 안 되지만, 문자적으로 첫 번째 소득이나 수입을 하나님께 드리는 것도 나름대로 의미가 있다고 생각합니다.

감사한 마음으로

그러나 이 명령은 문자적인 것보다 좀 더 깊은 뜻이 있습니다. 하나님께서 이스라엘에게 첫째 것을 드리라고 명령하신 우선적인 이유 또는 하나님의 의도는 무엇이라고 생각합니까? 그것은 물론 내가 최선을 다해 그리고 열심히 수고하여 얻은 것이지만 나의 모든 소득이 하나님께서 주신 것임을 인정하고 감사하는 표현이었습니다. 신명기 26장에서 "네 하나님 여호와께서 네게 주시는 땅에서 그 토지 모든 소산의 맏물을 거둔 후에 그것을 취하여 광주리에 담고 네 하나님 여호와께서 그 이름을 두시려고 택하신 곳으로 그것을 가지고 가서(2절), '여호와여 이제 내가 주께서 내게 주신 토지 소산의 맏물을 가져왔나이다' 하고 너는 그것을 네 하나님 여호와 앞에 두고 네 하나님 여호와 앞에 경배할 것이며 (10절)"라고 말씀합니다. 하나님께서 가나안 땅에 들어갈 이스라엘 백성들에 대해 가장 염려했던 것 가운데 하나는 그들이 많은 것을 수확하고 좋은 집을 짓고 풍성한 삶을 누리게 될 때 하나님께 감사하지 않고 그들 스스로를 인정하는 것이었습니다. 다시 말해, 그들이 많은 은혜와 복을 누리게 될 때 그들 스스로 '우리가 잘나고 똑똑해서 이렇게 되었구나!' 라고 교만한 마음을 가지지 않을까 늘 염려하는 마음이 있었습니다. 그래서 율법을 보면 하나님께서 계속해서 그 부분을 경고하고 있습니다. "내가 너희를 택한 것이 너희가 잘나고 숫자가 많아서가 아니다(신7:7)," "너희가 내 능과 내 손의 힘으로 이 재물을 얻었다고 생각할까봐 두렵다(신8:17)" 라고 말씀하십니다. 왜냐하면 이스라엘이 자신을 인정하면서 교만하여 지는 것은 고난과 패망의 지름길이었기 때문입니다. 하나님께서는 이스라엘이 처음 것과 십일조를 드림으로 그들이 얻고 누리는 모든 것이 하나님의 은혜와 사랑으로 말미암은 것을 계속 되새김하고 고백하며 살기를 원했던 것입니다.

이 원리는 오늘날 우리에게도 그대로 적용됩니다. 우리가 왜 십일조를 비롯한 헌금을 하나님께 드립니까? 우리가 하나님께 헌금을 드리는 가장 중요한 이유는 조금 전에 말씀드린 대로 내가 최선을 다해 열심히 수고하여 얻었지만 나의 모든 소득이 근본적으로 하나님께서 주신 것임을 인정하고 감사한 마음이 있기 때문입니다. 그리고 그런 마음과 자세로 하나님께 헌금해야 합니다. 즉, 헌금은 가장 우선적으로 하나님을 인정하고 감사하는 표현이요, 믿음의 고백이어야 합니다. 그런데 종종 헌금을 씨를 뿌리는 개념으로 생각하는 분들이 있습니다. 그렇게 가르치기도 합니다. 물론 심는 대로 거두는 것이 하나님의 법칙이고, 또한 하나님을 인정하고 감사하면서 드린 사람들에게 하나님께서 더 큰 은혜와 복을 주시는 것을 성경은 분명히 약속하고 있습니다.

그러나 우리가 기억해야 할 것은 어떤 대가나 결과를 바라고 드리는 헌금은 결코 온전한 것이 아니라는 것입니다. 극단적인 예를 들어볼까요? 여러분에게 많은 재산이 있다고 합시다. 그런데 자녀들이 여러분들에게 효도를 하는데 감사한 마음으로 순수하게 효도하는 것이 아니라, 만약 어떤 것을 바라거나 유산을 물려받기 위해 효도한다고 하면 여러분 기분이 어떻겠습니까? 하나님도 마찬가지일 것입니다.

기쁘게 그리고 최선을 다하여

그러면 어떻게 드려야 합니까? 본문은 두 가지를 말씀합니다. 먼저 더디 드리지 말라고 했습니다. 그리고 가장 귀한 것으로 드리라고 했습니다. 먼저, 더디 드리지 말라는 것은 시제하지 말고 속히 드리라는 것입니다. 다음으로 가장 귀한 것을 하나님께 드려야 한다는 것은 자신이 할 수 있는 최선의 것을 드려야 한다는 것입니다. 이 말씀은 오늘날 그대로 적용됩니다. 고린도후서 9:7은 이 말씀과 짝을 이루고 있습니다. "각각 그 마음에 정한대로 할 것이요 인색함으로나 억지로 하지 말지니 하나님은 즐겨 내는 자를 사랑하시느니라"라고 합니다. 인색함이나 억지로 하지 말고 즐거운 마음으로 헌금하라는 것입니다.

이 외에도 신약성경에 헌금에 대한 말씀이 참으로 많습니다. 예수님께서 잡히시기 전에 베다니 시몬의 집에서 한 여인이 아주 비싼 나드 한 옥합을 가져와 예수님의 머리에 부었습니다. 그것은 삼백 데나리온 이상의 가치가 있는 것이었습니다(한 데나리온이 하루 품삯이니까 1년 연봉쯤 되는 것입니다). 그것을 본 사람들은 "왜 그렇게 귀한 것을 허비하느냐"고 했습니다. 그 때 주님께서 "온 천하에 어디서든지 복음이 전파되는 곳에는 이 여자가 행한 일도 말하여 그를 기억하리라 하시니라(막14:9)"고 하시면서 그 여인을 칭찬하셨습니다. 그 여인은 참으로 귀한 것을 조금도 아깝게 생각지 않고 예수님께 드린 것입니다. 또한 예수님께서 과부가 드린 헌금에 대해 칭찬하는 말씀도 있습니다(막12:41-44, 눅21:1-4). 예수님께서 두 렙돈(당시 팔레스타인에서 사용하는 가장 작은 단위의 화폐입니다. 오늘날로 따지면 몇 백 원 또는 몇 천 원 정도 될 것입니다)을 넣는 과부를 보시며 "이 가난한 과부는 헌금함에 넣는 모든 사람보다 많이 넣었도다. 그들은 다 그 풍족한 중에서 넣었거니와 이 과부는 그 가난한 중에서 자기의 모든 소유 곧 생활비 전부를 넣었느니라"고 칭찬하셨습니다. 그 과부는 최선을 다했던 것입니다. 고린도후서 8장에서 사도 바울은 마게도냐 성도들의 헌금에 대해 칭찬하고 있습니다. 그들이 많은 환난과 시련이 있었고, 경제적으로는 극한 가난에 시달리고 있었지만 넘치도록 그리고 힘에 지나도록 풍성한 연보를 드렸다고 합니다(2-3절).

사실 오늘날 헌금 설교하는 것이 쉽지 않습니다. 왜냐하면, 오해의 소지가 많고, 또한 헌금 때문에 상처받고 시험에 든 사람들이 너무 많기 때문입니다. 그러나 헌금에 대한 설교는 해야 합니다. 중요한 것은 바르게 헌금에 대해 설교하는 것입니다. 칼빈 선생이 헌금

설교는 "많이 하는 것이 문제가 아니라, 바르게 하지 못한 것이 문제"라고 하였습니다. 오늘 본문 뿐 아니라 앞에서 살펴본 대로 성경 전체에서 하나님께 헌금하는 것에 관한 말씀이 많습니다. 그것은 바르고 하나님께서 기뻐하시도록 헌금하는 것이 신앙생활에서 그만큼 중요하기 때문입니다. 저는 우리 모두가 인색함이나 억지로 헌금하지 않기를 바랍니다. 매맞을까봐 또는 하나님께서 벌하실까봐 헌금하지 않기를 바랍니다. 저는 우리 모두가 감사한 마음으로 기쁘고 즐겁게 그리고 최선을 다해서 하나님의 것을 하나님께 드리기를 바랍니다.

구별된 백성임을 기억하도록

이제 31절을 보겠습니다.

너희는 내게 거룩한 사람이 될지니 들에서 짐승에게 찢긴 동물의 고기를 먹지 말고 그것을 개에게 던질지니라.

"들에서 짐승에게 찢긴 동물의 고기를 먹지 말고 개에게 주라"고 했습니다. 문자적으로 보면, 이 말씀도 오늘날 우리와 크게 상관없는 명령입니다. 그러나 하나님께서 이 명령을 주신 이유를 알면 오늘날 우리들에게 쉽게 적용할 수 있습니다. 본문에 그 명령을 하신 이유가 언급되어 있습니다. "너희는 거룩한 사람이 될지니"라고 하였습니다. 다시 말해, 그 명령을 지켜야 되는 목적은 그들이 구별된 백성이 되어야 하기 때문이라는 것입니다. 율법에 보면 하나님께서 음식에 대한 여러 가지 규례를 말씀하셨는데, 오늘 본문도 그 가운데 하나입니다. 그런데 음식법 가운데 대표적인 것은 짐승 가운데 정한 것과 부정한 것을 구별하셔서 정한 것만을 먹으라고 명령하신 것입니다. 그런데 하나님께서 왜 그것을 명령하셨는지에 대해 많은 논란이 있습니다. 여러분, 하나님께서 왜 그렇게 명령하셨죠? 음식법은 대표적으로 레위기 11장과 신명기 14장에 언급되어 있는데, 특히 신명기 14장에서 그 이유를 분명히 말씀합니다. 신명기 14장에 보면 음식법에 대한 규정이 3-20절에 언급되어 있는데, 그 앞 뒤 구절인 2절과 21절에 보면 오늘 본문과 같은 차원에서 "너는 네 하나님 여호와의 성민이라"고 말씀하고 있습니다. 그 규정을 주신 목적을 앞 뒤 구절에서 분명히 말씀하고 있는 것입니다. 그러니까 이스라엘이 그와 같이 구별된 음식을 먹으면서 그들이 하나님의 구별된 백성(성민)임을 기억하도록 하기 위해서 그렇게 명령한 것입니다. 레위기 12-15장에 언급되어 있는 문둥병, 피부병, 유출병에 대한 규례도 같은 차원에서 이해해야 합니다. 하나님께서는 문둥병, 피부병, 유출병 걸린 사람을 진 밖에 내어보내는 조치를 통해서 이스라엘이 하나님의 거룩한 백성임을 기억하며 살기 원했습니다.

   율법의 최고 관심 가운데 하나는 이스라엘의 구별됨 또는 거룩함이었습니다. 하나님께서는 이스라엘이 정결한 음식을 먹으면서, 안식일을 지키면서, 할례를 행하면서, 문둥병, 피부병, 유출병 걸린 사람을 진 밖에 내어 보내면서 그들이 하나님의 거룩한 백성임을 기억하며 살기 원했습니다. 다시 말해, 하나님께서는 이스라엘이 하나님의 특별한 은혜와 사랑을 받은 특별히 구별된 민족임을 늘 기억하며 살기 원했던 것입니다(신14:2. 참고. 신7:6-7). 앞에서 말씀드린 것처럼, 하나님께서는 당신의 백성 이스라엘이 말씀에 순종해서 하나님께서 그들에게 주신 땅에서 계속해서 더 큰 은혜와 복을 누리기 원하셨습니다. 그런데 이스라엘이 그 땅에서 순종하여 은혜와 복을 계속 누리며 살기 위해서 그들에게 가장 필요하고 중요했던 것은 그들이 하나님의 은혜와 사랑을 받은 특별히 구별된 민족임을 기억하는 것이었습니다. 그래서 다양한 은혜의 방편들을 통해 그것을 되새김하도록 명하신 것입니다. 조금 전에 말씀드렸던 헌금도 그 가운데 하나입니다.

구원의 확신과 감격 속에서

이것은 오늘날 우리들에게도 마찬가지입니다. 우리의 신앙생활에서 가장 기본적이면서 중요한 것은 내가 구원받은 자라는 구원의 확신 그리고 내가 하나님의 은혜와 사랑으로 하나님의 자녀가 되었다는 구원의 기쁨과 감격입니다. 이것은 예수를 처음 믿을 때 뿐 아니라 평생에 지속되어야 합니다. 그 때 우리는 기쁘고 슬겁고 감격스럽게 신앙생활 할 수 있고 온전히 순종할 수 있습니다. 신앙생활하다 보면, 종종 신앙의 슬럼프에 빠질 때도 있습니다. 그것은 어느 누구나 예외 없이 경험하는 것입니다. 신앙의 슬럼프를 극복하기 위해 가장 중요하고 필요한 것은 구원의 확신을 점검하고 구원받은 자의 기쁨과 감격을 회복하는 것입니다. 지난 번 옥한흠 목사님 천국 환송예배 때 홍정길 목사님이 설교를 하시면서 이런 말씀을 했습니다. 홍 목사님은 옥 목사님이 소천 하셔서 많이 슬프고 힘들었다고 합니다. 그 때 스스로 "네가 부활을 믿느냐?"라는 생각을 했다고 합니다. 그러면서 "맞아! 우리는 부활하지!" 하면서 슬픔을 극복했다고 말씀하셨습니다.

어느 목사님에게 들은 이야기입니다. 그 목사님은 목회가 힘들고 어려워서 40일 금식기도를 하셨다고 합니다. 금식기도를 하면서도 큰 은혜를 경험하지 못했는데, 39일 째 되던 날에 예수님께서 자신의 구원주이시고 자신이 구원받은 백성이라는 사실을 새삼 감격스럽게 깨달으면서 "예수 내 구주!"라는 고백을 끊임없이 반복적으로 고백했다고 합니다. 그리고 그 후에도 구원받은 자의 감사와 감격으로 목회를 하고 있다고 간증하는 것을 들은 적이 있습니다. 목사님은 힘들고 어려웠던 상황에서 구원의 기쁨과 감격을 회복함으로 그것을 극복할 수 있었던 것입니다. 손양원 목사님도 구원의 은혜와 감격을 잊지 않기 위해서 성경의 표지에 "내게 주신 모든 은혜를 어떻게 보답할꼬!(시116:12)"라고 써놓고 매일 새벽에 그 말씀을 암송하면서 하루를 시작했다고 합니다.

사랑하는 성도 여러분,

구원의 기쁨과 감격, 다시 말해, 하나님의 은혜와 사랑에 대한 감사와 감격이 사라지면, 신앙생활이 힘들고 봉사도 쉽지 않고 삶에서도 원망과 불평이 가득해집니다. 그러나 구원의 확신과 기쁨과 감격이 있으면 모든 것이 즐겁고 행복합니다. 순종하는 것도 어렵지 않습니다. 가정에서도 직장에서도 기쁘고 즐겁습니다. 의무적이고 형식적으로 억지로 주님을 섬기지 않고, 기쁘게 즐겁게 주님을 섬길 수 있습니다. 그렇기 때문에 율법에서 본문에 언급된 규정들을 명하신 것입니다. 우리 모두에게 평생 구원의 확신과 기쁨과 감사가 넘치기를 소원합니다.

건덕을 위하여

이제 한 걸음 더 나아가 음식법에 대한 점진적인 의미를 살펴보겠습니다. 신약시대에 사는 우리가 구약의 음식법을 어떻게 적용해야 할 것인지에 대해 여러 주장들이 있습니다. 문자적으로 지켜야 된다고 하는 사람들이 있습니다. 혹자는 그렇게 하는 것이 건강을 위해서 유익하다고 주장하기도 합니다. 그러나 이것은 옳지 않습니다. 성경 어디에도 그런 말씀이 없습니다. 음식법도 할례를 지키는 것과 같은 원리에서 접근해야 합니다. 할례와 마찬가지로 음식법은 영원히 지켜야 할 계명이 아니었습니다. 그것은 예수 그리스도 안에서 더 이상 의미가 없습니다. 하나님의 전체 구원 역사를 진행하시는 과정에서 이스라엘을 일시적으로 택하여서 하나님의 구원을 이루어 가셨던 것처럼 음식법도 일시적으로 주신 것입니다. 예수님을 통해 임하게 된 복음의 새로운 시대에는 더 이상 유효하지 않다는 것입니다. 그래서 예수님께서 입에 들어가는 것이 더러운 것이 아니고 나오는 것이 더럽다고 하였습니다. 바울도 모든 음식을 먹을 수 있다고 하였습니다. 음식은 교회 안에서 건덕을 세우는 것의 하나의 예로 발전되어 활용되었습니다. 고린도전서 8장에서 바울은 제사음식도 먹을 수 있다는 것입니다. 그러나 만약 그것으로 인해 형제가 실족한다면 자신은 영원히 고기를 먹지 않겠다고 하였습니다(참고. 롬 14장). 사도행전 15장에서도 같은 말씀이 있습니다. 사도행전 15장은 첫 번째 예루살렘 공의회에 대한 것인데, 그 때 크게 두 가지를 결정합니다. 하나는 할례에 대한 것이고, 다른 하나는 음식에 대한 것입니다. 구원을 위해 할례가 더 이상 필요 없다는 것은 복음의 핵심이요 본질이기에 결코 양보할 수 없는 문제였습니다. 그러나 음식은 그렇지 않았습니다. 음식은 공동체의 건덕을 위해서, 다시 말해, 1500년 이상 동안 특정한 음식들을 먹지 않았던 이스라엘을 배려하는 차원에서 교회 안에서 음식 가운데 일부러 일시적으로 금지한 것입니다.

오늘날 우리가 신앙생활하면서 가장 중요한 것 가운데 하나는 덕을 세우는 것이고, 약자를 배려하는 것입니다. 다른 말로 하면, 다른 사람을 실족시키지 않는 것입니다. 예수님께서도 복음서에서 "물론 실족케 하는 일이 없을 수는 없으나 실족케 하면 화가 있다. 만약 이웃을 실족시키면 연자 맷돌을 메고 바다에 던지는 것이 낫다"고 했습니다(마18:6-7; 눅17:1-2). 만약 사회생활을 하면서 나의 부족함과 잘못 때문에 어떤 사람이 "저 사람을 보니까 예수 믿을 맛이 나지 않는다고 했다"면 그것은 형제를 실족시키는 것입니다. 교회에서 나 때문에 신앙생활을 그만둔 사람이 있으면 그것도 실족시키는 것입니다. 교회가 올바른 모습을 보이지 못함으로 그것 때문에 실족하는 사람이 있으면 교회 전체가 사람을 실족시키는 것입니다. 그것은 하나님께 큰 죄입니다. 이유야 어찌됐든 요즈음 한국 교회의 문제 때문에 상처받는 사람들이 많을 것을 봅니다. 참으로 안타까운 일입니다. 저는 우리 모두가 그리고 한국 교회 전체가 다른 사람들을 실족시키지 않기를 바랍니다.

그런데 우리는 다른 사람을 실족시키지 않는 정도에 머물러서는 안 됩니다. 우리 모두는 우리를 통하여 다른 사람들이 살아나는 인생 다시 말해 다른 사람들을 살리는 인생이 되어야 할 줄 믿습니다. 우리 주변에는 항상 낙심하고 좌절하고 힘들어 하는 사람들이 있습니다. 그들이 나 때문에 그리고 나를 통해 살아나고 소망을 갖고 회복되어야 합니다. 뿐만 아니라 우리의 가정은 다른 가정들을 살리는 가정이 되어야 하고, 우리 교회는 다른 교회들을 살리는 교회가 되어야 합니다.

그런데 이상한 것이 있습니다. 그것은 사회생활이나 교회생활을 하면서 상처를 받은 사람은 많은데 상처를 주었다고 하는 사람은 별로 없다는 것입니다. 또한 실족한 사람은 많은데 실족시켰다고 하는 사람은 많지 않습니다. 그것이 어느 정도 이해는 됩니다. 크게 의미를 부여하지 않고 말하고 행동했는데 그것이 다른 사람에게 상처를 주는 경우가 있습니다. 또한 지나가는 이야기로 칭찬하고 격려했는데, 다른 사람에게 회복과 힘이 되는 경우도 있습니다. 어떤 분이 학교 다닐 때 선생님의 인정과 칭찬 한 마디가 자신을 만들었다고 고백하는 것을 들은 적이 있습니다. 얼마든지 가능한 이야기입니다. 저는 우리 모두가 이런 기도를 드렸으면 합니다.

"나도 모르게 다른 사람을 실족시키지 않게 하옵소서!
나의 말과 행동으로 다른 사람들이 살아나고 회복되게 하옵소서!"

말씀을 맺겠습니다.

오늘 본문은 처음 것을 하나님께 드리라고 말씀합니다. 그것은 하나님을 인정하고 감사하는 믿음의 표현이었습니다. 그리고 하나님께 드리되 기쁘고 감사함으로 그리고 최선을 다해 드리라고 합니다. 오늘날 우리도 기쁘고 즐겁게 그리고 감사함으로 하나님의 것을 하나님께 드리는 자들이 되어야 할 줄 믿습니다. 본문은 또한 음식법에 대해 언급하고 있습니다. 그것은 구별됨을 위한 것이었습니다. 하나님께서는 우리가 하나님의 특별하고 구별된 백성인 것을 기억하며 살기를 원하십니다. 왜냐하면 그렇게 할 때 기쁘고 즐겁게 신앙생활 할 수 있고 온전히 하나님께 순종할 수 있기 때문입니다. 그리고 음식법은 신약시대의 우리에게 건덕을 위한 예로 발전하였습니다. 우리는 남을 실족시키지 않고 다른 사람들을 살리는 사람이 되어야 할 줄 믿습니다. 이 은혜가 우리 모두에게 임하기를 바랍니다.

출애굽기 23:1-9 (I)
모든 상황에서 모든 사람에게

저는 하나님께서 저를 설교자로 부르신 것을 늘 감사하게 생각합니다. 물론 여러 가지 감사의 이유들이 있지만, 하나님께서 저를 설교자로 부르신 것에 대해 감사하는 가장 큰 이유는 제가 말씀을 준비하면서 경험하는 은혜가 크기 때문입니다. 설교를 준비하면서 성경에서 이전에 알지 못했던 보화를 발견하면서 은혜의 깊은 바다 속에 잠길 때의 감사와 감격은 이루 말할 수 없습니다. 저는 어느 한 사람 예외 없이 우리 모두가 함께 말씀을 나누면서 주님께서 주시는 놀랍고 풍성한 은혜를 경험하기를 소원합니다.

계속해서 율법을 살펴보고 있는데요. 하나님께서 이스라엘을 출애굽 시키신 후에 이스라엘에게 놀라운 기적들을 경험케 하시면서 시내 산까지 인도하셨습니다. 그 때 하나님께서 모세를 여러 차례 시내 산으로 부르셔서 그들에게 필요한 말씀을 주셨습니다. 우리가 그것을 율법이라고 부릅니다. 히브리말로는 토라라고 하는데요, 토라의 기본적 의미는 가르침입니다(물론 토라는 모세 오경을 가리키기도 하고, 구약 성경 전체를 의미하기도 합니다). 그러니까 율법은 기본적으로 이스라엘 백성들이 하나님의 백성답게 살면서 하나님의 은혜와 복을 누리도록 가르쳐 주시고 방향을 제시해주는 가르침이요 지침이라고 할 수 있습니다. 그런데 하나님께서 시내 산에서 첫 번째 주어진 율법이 출애굽기 20장에서 23장에 기록되어 있습니다. 그것은 크게 두 부분으로 나누어지는데, 한 부분은 십계명이고(출 20:1-17), 다른 한 부분은 소위 '언약서' 입니다(출 20:22-23:33). '언약서' 라고 명명하는 것은 출애굽기 24:7에서 이 부분을 그렇게 부르기 때문입니다. 앞에서 말씀드린 것처럼 십계명이 대원칙을 선포했다고 하면, 언약서는 십계명을 좀 더 자세히 설명하고 실제적으로 적용하였습니다.

위증하지 말아야 할 상황들

오늘 본문도 마찬가지입니다. 하나님께서 제 9계명에서 "네 이웃에 대하여 거짓 증거 하지 말라"고 명령하셨는데, 오늘 본문 1-9절에서 거짓 증거와 관련하여 좀 더 자세하고 구체적으로 말씀하고 있습니다. 오늘은 그 가운데 1-3절까지만 보고, 나머지 부분은 다음 주에 보겠습니다. 1절입니다.

너는 거짓된 풍설을 퍼뜨리지 말며, 악인과 연합하여 위증하는 증인이 되지 말며

먼저, "거짓 소문(거짓된 풍설)을 퍼뜨리지 말라"고 합니다. 옛날이나 오늘날이나 거짓 소문은 당사자에게 피해를 주거나 상처를 주는 경우가 많습니다. 특히 요즈음은 인터넷의 발달로 거짓 소문이 너무 쉽게 많은 사람들에게 무분별하게 퍼져서, 그것으로 인해 당

사자들이 큰 상처와 아픔을 겪는 경우가 많고 때로는 그들로 하여금 극단적인 선택을 하게 하는 경우도 있습니다. 그렇게 남을 곤경에 빠트리거나 힘들게 하는 거짓 소문을 퍼뜨리지 말라는 것입니다. 이렇게 일반적이고 포괄적면에서 명령하신 다음에 범위를 좁혀서 재판과 관련하여 명령합니다. 하반 절에서 "악인과 연합하여 위증하는 증인이 되지 말라"고 합니다. 여기에서 악인이란 막연히 악한 사람을 말하는 것이 아니라, 문맥을 따라 범위를 좁히면 거짓 증언을 하는 사람을 말합니다.

이 말씀은 단순한 것 같지만 당시에는 굉장히 중요한 명령이었습니다. 얼마나 중요한 것인지는 당시 이스라엘의 재판 제도를 보면 알 수 있습니다. 당시 이스라엘은 각 지파마다 지도자와 재판장이 있었습니다(신 16:18). 대개 지도자는 장로(長老)로서 재판장을 겸하였는데, 그들은 마을의 크고 작은 일들을 판결하였습니다(참고. 룻기 4장). 물론 큰 사건은 선지자들이 돌아다니면서 재판을 하기도 하고(삼상 7:16이하), 왕정이 실시된 이후에는 왕이 재판장의 역할을 담당하기도 했습니다. 그런데 재판 과정에서 가장 중요한 역할을 하는 것은 증인들이었습니다. 신명기에는 재판을 할 때 한 사람의 증인으로는 어떤 사람의 죄에 대해서 확정할 수 없고 두 사람이나 세 사람의 증언이 있어야만 판결할 수 있다고 말씀하셨습니다(참고. 신 17:6-7, 19:15-21). 그러니까 증인의 증언은 어떤 사람(즉, 피의자)의 유죄여부를 결정할 수 있었고, 사람의 생명까지도 좌우할 수 있었습니다. 극단적인 예를 들면, 어떤 사람이 다른 사람을 곤경에 빠트리거나 모함하려고 하면 두 세 사람의 증인만 포섭하면 됐습니다. 그만큼 증인의 역할이 중요하였기 때문에 9계명에서 거짓 증거를 하지 말라고 명령한 것입니다.

이제 2절입니다.

> 다수를 따라 악을 행하지 말며, 송사에 다수를 따라 부당한 증언을 하지 말며

2절도 1절과 마찬가지인데 먼저 일반적인 명령을 하고, 계속해서 범위를 좁혀서 재판과 관련된 명령을 하고 있습니다. 다시 말해, 다수를 따라 악을 행하지 말라고 일반적인 명령을 하신 다음에 범위를 좁혀서 재판에서 다수를 따라 위증하지 말라고 합니다. 물론 명령의 초점은 뒷부분의 재판에 관한 규정에 있습니다. 다수가 옳은 경우가 많지만 항상 그런 것은 아닙니다. 그렇죠? 그러니까 다수가 그릇되었다고 판단될 때 다수를 따라 부화뇌동하지 말고, 용기를 내어서 바르고 선한 것을 하라는 것입니다. 계속해서 범위를 좁혀서 다수를 따라 위증하지 말라고 명령합니다.

3절입니다.

> 가난한 자의 송사라고 해서 편벽되이 두둔하지 말지니라.

여기에서 가난한 자는 사회적으로 약자를 대표하는 사람입니다. 그러니까 재판에서 증인이 될 때 물론 당사자의 상황을 고려해야 되겠지만, 단지 가난한 자이기 때문에 동정하는 마음으로 무조건 편을 들어서는 안 된다는 것입니다.

정리하면, 1-3절에서 명령한 내용은 무엇입니까? 제 9계명에서

명령한대로 이웃에 대해 거짓 증거를 하지 말아야 하는데, 특별히 본문은 세 가지를 구체적으로 명시하고 있습니다. 첫 번째는 거짓 증거 하는 사람을 따라서 위증하지 말라는 것입니다. 두 번째는 다수를 따라서 위증하지 말라고 말씀합니다. 세 번째는 가난한 자 또는 약자라고 해서 불쌍히 여기는 마음으로 위증하지 말라는 것입니다. 아마 이 세 가지 경우가 당시 위증을 하게 되는 가장 대표적인 상황이기 때문에 그렇게 구체적으로 말씀하는 것 같습니다.

모든 상황에서 모든 사람에게

그것은 오늘날도 마찬가지입니다. 먼저, 오늘날도 다른 사람을 따라 위증하는 경우가 많다고 합니다. 어떤 분이 2006년 한 해 동안 우리나라에서 위증죄로 유죄판결을 받은 사람들이 왜 위증을 했는지 조사해 보았다고 합니다. 가장 대표적인 이유가 무엇일 것 같습니까? 위증죄를 범한 사람 가운데 두 명 중 한 명은 서로 알고 지내는 인간관계가 원인이었다고 합니다. 그 분이 발표한 내용을 구체적으로 알아보면 다음과 같습니다. '지인의 청탁을 거절하지 못해서'가 25.8%로 가장 높고, '친한 사람을 위해 자발적으로' 위증을 했다는 사람이 24.0%로 두 번째로 많았다고 합니다. 그밖에 자신의 죄를 숨기기 위해 위증한 경우는 19.7%였으며, 재산상 이득을 위해서라고 답한 사람은 12.9%였다고 합니다. 하나님께서 오늘날 뿐 아니라 당시에도 다른 사람과의 인간관계 때문에 다른 사람을 따라 위증하는 사람이 가장 많기 때문에 먼저 이 부분을 말씀하신 것 같습니다.

다음으로 통계상으로는 명확하게 나타나지 않지만 다수를 따라 위증하는 경우도 많을 것 같습니다. 우리가 살면서 많은 사람들이 위증 또는 거짓말을 하고 있는데 혼자서 진실을 말하는 것은 쉽지 않은 일이라고 생각됩니다. 그렇죠? 때로는 용기가 부족하기 때문에, 때로는 불이익을 당할까봐, 때로는 그 공동체에서 따돌림을 당할까봐 진실을 말하지 못하고 다수를 따라 위증 또는 거짓말을 하는 경우가 있을 것입니다. 다수를 따라 위증하지 않고 진실을 말하는 것이 쉽지 않기 때문에 하나님께서 본문에서 구체적으로 명령하신 것 같습니다.

또한 가난한 자라고 편파적으로 편을 들지 말라고 했습니다. 우리가 증언할 때 증언하는 대상을 고려해서 위증할 가능성도 많습니다. 크게 두 가지 경우일 것입니다. 하나는 대상이 권력자일 때이고, 다른 하나는 대상이 약자일 때일 것입니다. 우리는 증언해야 할 대상의 위압감에 눌려서 위증할 가능성이 있고, 또는 대상이 불쌍하게 여겨져서 위증할 가능성도 있습니다. 그래서 레위기 10:15에서도 재판할 때에 대상이 가난한 자나 권력자나 상관없이 공정하게 재판하라고 하였습니다.

그러면 오늘 본문의 핵심적인 교훈은 무엇입니까? 그것은 어떤 상황이나 환경에서 그리고 대상에 상관없이 위증하지 말아야 한다는 것입니다. 혹시 우리 가운데 법정에서 증인이 되거나 다른 사람을 위해 증언해야 할 경우가 있다면 이 말씀을 기억해야 합니다. 아는 사람이라고 해서 인간관계 때문에 위증하거나, 손해나 피해를 보기 때문에, 용기가 없어서, 왕따를 당하지 않기 위해서, 또는 대상에 대한 고려 때문에 위증해서는 안 되고 모든 상황에서 모든 사람에 대해서 진실을 말해야 합니다.

공정하고 신뢰할만한 사회가 되도록 기도하자

그런데 사실 우리 가운데 법정에서 다른 사람을 위해 증언을 해야 할 사람들은 많지 않을 것입니다. 그러면 이 말씀이 우리에게 교훈하는 것은 무엇입니까? 저는 크게 두 가지라고 생각합니다. 먼저, 공정하고 신뢰하는 사회가 되도록 기도하는 것입니다. 하나님께서 여러 가지 상황에서 모든 사람에게 위증하지 말라고 하신 것은 그것 때문에 결정적으로 피해를 보는 사람이 있고, 또한 이 땅에서 하나님께서 원하시는 질서가 무너지기 때문입니다. 그동안 율법을 통해서 계속 보아왔던 것처럼, 하나님께서는 우리가 사는 이 사회에서 애매하게 피해와 손해를 당하는 사람이 없기를 원하시고, 하나님의 통치와 다스림이 임하여 공정하고 신뢰할만한 사회가 되기 원하십니다. 신약의 용어로 간단하게 이야기하면, 하나님의 나라가 임하기를 원하십니다. 예수님께서 주기도문에서 가르쳐 주신대로 우리는 이 땅에 하나님의 통치가 이루어지도록 기도해야 하는데 위증의 문제는 그 가운데 대표적인 것 가운데 하나입니다.

몇 개월 전인데요, 저는 좀 안타까운 기사를 보았습니다. 우리나라에 거짓말 또는 속임과 관련된 소위 후진국형 범죄가 굉장히 많다는 것입니다. 법무부가 국회에 제출한 자료에 따르면 사기나 횡령, 그리고 배임 등 남을 속이거나 진실을 말하지 않아 다른 사람에게 재산상 손해를 끼치는 범죄가 매년 평균 20만 건 이상씩 발생하고 있다고 합니다. 2008년 한 해 동안 일어난 사기 사건만도 무려 20만 5140건에 달하고 횡령이 2만 6750건, 배임 5135건 등 총23만 7025건의 신뢰와 관련된 범죄가 일어났다는 것입니다. 이 정도 말씀하면 별로 감이 안 오시죠? 좀 더 실감나게 말씀드리면, 일 년 동안 전체 형법위반사건(살인, 강간, 폭력 등과 같은) 89만 7536건이었는데, 신뢰와 관련된 범죄가 26.4%에 달하는 것입니다. 쉽게 이야기하면 범죄 4건 가운데 한 건이 거짓말이나 속임과 관련된다는 것입니다. 하지만 거짓말과 관련된 죄의 속성상 아마 발각된 것보다 발각되지 않는 것이 더 많지 않을까 생각합니다.

 그런데 좀 더 수치스러운 것은 일본과 비교하면 엄청난 차이가 난다는 것입니다. 2007년을 기준으로 하면 우리나라에서 위증죄로 기소된 사람이 1544명인데, 일본은 9명에 불과하다고 합니다. 무고죄로 기소된 사람은 우리나라는 2171명인데, 일본은 단 10명이라고 합니다. 기소된 수로 보면 위증죄는 일본의 171배, 무고죄는 217배였습니다. 그런데 일본의 인구가 우리나라의 2.5배인 점을 감안하면 실제로는 인구 당 위증은 427배, 무고죄는 542배나 많다는 결론입니다. 그래서 일본의 학자가 우리나라를 '저(低) 신뢰사회' 또는 '불신사회'라고 평가하였다고 합니다. 저 신뢰사회 일수록 애매하게 피해를 본 사람들이 많습니다. 뿐만 아니라 저 신뢰사회의 또 하나의 문제점은 고(高) 신뢰사회에선 물지 않아도 되는 일종의 추가 세금을 징수해야 한다고 합니다. 왜냐하면, 그러한 문제를 해결할 부서와 인력이 필요하기 때문입니다. 뿐만 아니라 사회적 신뢰가 후진적이면 그만큼 사회적 비용도 많이 듭니다. 그 대표적인 사례가 보험입니다. 보험은 보험회사와 보험가입

자간 신뢰를 바탕으로 운영되는 사회적 제도입니다. 매스컴을 통해 우리는 보험금을 타기 위해 서류를 위조하거나 악한 범죄를 범하는 경우를 자주 접합니다. 또한 보험금을 받을 욕심으로 경미한 사고에도 병원에 드러눕는 사람들도 많다고 합니다. 그런데 그러한 사람들이 많아지면 전체적으로 보험료가 증가되어 전체 구성원이 치러야 하는 비용이 증가하게 됩니다.

사랑하는 성도 여러분,
어떻습니까? 이러한 상황이 안타깝지 않습니까? 만약 그렇다면 우리 사회에 하나님의 통치가 이루어지도록 기도하는 것은 우리가 당연히 해야 할 일입니다. 더욱 구체적으로 말씀드리면, 우리 사회에서 무고히 피해를 보는 사람이 없을 뿐 아니라, 우리 사회가 공정하고 신뢰할만한 사회가 되도록 기도하는 것이 우리의 의무인 줄 믿습니다. 왜냐하면, 그것은 주님께서 우리에게 기도하라고 가르쳐 주신 주기도문의 한 부분이기 때문입니다.

진실하고 정직한 자로 살자

오늘 본문이 우리에게 주는 또 하나의 교훈은 기도할 뿐 아니라 우리는 실제로 이웃과의 관계에서 위증을 포함한 거짓말을 하지 않아야 한다는 것입니다. 오늘 본문에서 말씀하는 것처럼, 모든 상황에서 모든 사람에게 진실하고 정직한 자가 되어야 합니다.

그런데 여러분 어떻습니까? 모든 상황에서 어떤 사람을 대하든지 절대로 거짓말하지 않고 정직하게 사는 것이 쉬운가요? 아니면 어려운가요? 결코 쉽지 않습니다. 어떤 심리학자가 조사를 했는데, 사람의 60%가 10분간 대화하는 동안 적어도 한 번 이상의 거짓말을 하며, 보통은 평균 2.92번 거짓말을 한다고 합니다. 이처럼 보통 사람들은 습관적으로 자신도 모르게 거짓말을 한다는 것입니다. 실제로 우리는 순간적으로 위기를 넘기기 위해서 자신도 모르게 거짓말할 수 있습니다. 눈앞에 보이는 여러 가지 현실적인 유익 때문에 의식적으로 거짓말할 수도 있습니다. 소극적인 면에서 보면, 진실을 알고 있으면서도 가만히 있을 수 있는데, 그것도 역시 넓은 의미에서 거짓말입니다. 어떻게 보면, 아부하는 것도 거짓말이라고 할 수 있습니다.

또한 남들이 모두 '예'라고 할 때 홀로 '아니오'라고 말하는 것도 쉬운 일은 아닙니다. 2008년에 EBS에서 방송했던 '인간의 두 얼굴'이라는 프로그램에서 실험했던 내용이 책으로 출간되었습니다. 그 실험에서 6명의 연기자와 1명의 실험대상자가 등장합니다. 누가 봐도 정답을 알만한 뻔한 문제지만 6명의 연기자는 일부러 틀린 답을 말합니다. 이 때 마지막 순서로 대답해야 하는 실험자는 답을 분명히 알고 있음에도 남들처럼 틀린 답을 말합니다. 한 명만 그런 것이 아니라 그 실험에 참여하는 모든 사람이 '전부 틀린 답'을 말했다는 것입니다. 그 가운데는 똑똑한 대학생도, 정의를 외치며 피가 끓는다는 사람도 있었는데 모두 주변의 상황에 휩싸이면 쉽게 거짓말을 하게 되었다는 것입니다. 그 프로그램의 결론은 우리 인간은 어떤 상황에서 자신도 알지 못하는 또 다른 자아에 지배를 받는다는 것입니다. 약간 극단적인 실험이요 주장이기는 하지만 어떻게 행동하고 말해야 하는지 알면서도 남의 눈이 무섭기 때문에 불이익을 받을까봐 정직하지 못할 때가 많은 것이 우리의 모습이라는 것을 보여줍니다. 저도 그렇고 여러분도 예외라 할 수 없습니다. 다수가 잘못된 길로 갈 때 그것에 거역하여 바르고 진실하게 말을 하는 것은 쉽지 않은 일입니다.

그러나 오늘 본문 뿐 아니라 성경은 우리에게 모든 상황에서 모든 사람에게 절대적으로 진실하고 정직하기를 명합니다. 요한복음 8:44에서는 사탄은 거짓말쟁이요 거짓의 아비라고 말씀합니다. 그러니까 거짓은 마귀의 조종을 받는 것입니다. 반대로 정직한 자를 하나님께서 기뻐하신다고 말씀합니다. 성경을 좀 찾아보겠습니다.

잠언 15:8에서 "악인의 제사는 여호와께서 미워하셔도 정직한 자의 기도는 그가 기뻐하신다"고 말씀합니다. 잠언 12:22에서는 "거짓 입술은 여호와께 미움을 받아도 진실하게 행하는 자는 그의 기뻐하심을 받는다"고 합니다. 잠언 19:9에서는 "거짓 증인은 벌을 면하지 못할 것이요, 거짓말을 뱉는 자는 망할 것이니라"고 합니다.

뿐만 아니라 정직한 자에게 주시는 은혜와 복에 대한 약속도 많이 있습니다. 시편 84:11에서는 "정직하게 행하는 자에게 좋은 것을 아끼지 아니하실 것이다"고 말씀합니다. 잠언 3:32에서는 "대저 패역한 자는 여호와께서 미워하시나 정직한 자에게는 그의 교통하심이 있으며"라고 합니다. 잠언 14:11에서는 "악한 자의 집은 망하겠고 정직한 자의 장막은 흥하리라"합니다. 이 외에도 정직과 관련하여 하나님께서 주시는 말씀이 많습니다.

저는 우리 모두가 비록 쉽지 않지만 모든 상황에서 모든 사람에게 진실하고 정직한 자가 되기 원합니다. 또한 주위 사람들로부터 그렇게 인정받는 자들이 되길 원합니다. 그 때 세상에 빛이 될 수 있고 하나님께 영광을 돌리게 될 줄 믿습니다.

어쩔 수 없는 경우에도

또 한 가지 거짓말과 관련해서 우리가 생각해 보아야 할 것이 있습니다. 성경을 보면 하나님께서 거짓말을 묵인하는 경우가 있는 것을 볼 수 있습니다. 대표적으로 출애굽기 1장에 언급되는 이스라엘 산파들과 여호수아 2장의 기생 라합 입니다. 오늘 본문은 어떤 상황, 어떤 사람에게도 거짓말을 하지 말라고 하셨는데, 이 문제는 어떻게 해결해야 합니까?

제 생각에 이 두 경우는 거짓말 자체는 나쁜 것이지만 그들의 용기 있는 믿음의 행동은 거짓말보다 더 큰 가치가 있기 때문에 하나님께서 제한적으로 인정한 것 같습니다. 그러나 이러한 일의 범위를 너무 확대하는 것은 바람직하지 않습니다. 어떤 분들은 이 부분을 확대하고 일반화시키면서 '상황 윤리' 라는 용어로 설명하기도 합니다. 그분들에 의하면 우리의 삶의 완성에는 절대적 선과 악이 없는 회색지대가 있다고 합니다. 즉, 상황에 따라 선의 기준이 달라진다는 것입니다. 그러나 그러한 소위 '상황 윤리(Situation Ethics)'는 우리가 따라야 할 올바른 신학사상이 아닙니다.

언젠가 상황 윤리와 관련하여 상황윤리의 대표적인 학자 가운데 한 사람인 성공회 신부 조셉 플레처(Joseph Fletcher)라는 분과 공개 토론을 하던 코리 덴 붐(Corrie ten Boom) 여사의 말은 우리에게 귀한 교훈을 줍니다. 그 분은 화란계 유대인으로 독일 라벤스부르크 수용소에서 말할 수 없는 고문과 고통을 당했지만 나중에 화해와 용서의 메시지를 들고 전 세계에 복음을 전했던 성자 가운데 한 사람입니다. 그 분이 상황윤리에 대해 조셉 플레처와 토론 중에 그의 이야기를 들은 후에 이렇게 이야기했습니다.

공산권 나라에 유입 불가능한 성경책을 큰 가방으로 잔뜩 들고 들어간 적이 있었습니다. 입국심사대에서 공산당 직원이 가방 속에 무엇이 들었느냐고 묻는데, 사실대로 성경책이라고 말하면 가방은 물론 입국조차 금지될 수도 있는 상황이었습니다. 그렇다고 거짓말하면서 성경책을 배달하고 싶지 않았습니다. 그때 저는 하나님의 도움을 구하며 기도하였습니다. 그런데 입국 심사를 받던 앞 사람에게 문제가 생겨 한참 실랑이를 하더니, 갑자기 '뒤에 있는 아주머니 빨리 지나가시오' 하고 그냥 들어가게 해주었습니다. 상황윤리가 인간적으로 이해되긴 하지만, 그 논리 속에는 하나님이 역사하실 수 있음에 대한 신앙고백은 빠졌군요.

물론 성경에 기록되어 있는 것처럼 우리는 어쩔 수 없이 거짓말을 해야 하는 상황이 있을 수 있습니다. 그러나 그러한 경우는 많지 않습니다. 뿐만 아니라 그 때에도 우리는 거짓말을 하지 않고 극복할 수 있도록 하나님께 도움을 위해 기도해야 할 줄 믿습니다.

말씀을 맺겠습니다.

오늘 본문은 거짓 증거에 대해서 말씀하고 있습니다. 본문은 모든 상황에서 모든 사람에 대해 거짓 증거 하지 말 것을 명령합니다. 하지만 우리 사회는 거짓과 속임이 만연해 있고, 우리도 역시 거짓과 속임에 자유로울 수 없습니다. 하지만 우리 모두는 거짓과 속임이 많은 이 땅에 하나님의 통치가 임하여서 어느 누구도 애매하게 피해나 손해를 당하는 일이 없는 공정하고 신뢰할만한 사회가 되도록 기도해야 합니다. 뿐만 아니라 실제로 우리는 모든 상황에서 모든 사람에게 진실하고 정직한 사람이 되어야 할 것입니다. 그 때 우리가 세상에 빛이 되고, 우리를 통해 하나님께서 영광을 받으실 줄 믿습니다.

출애굽기 23:1-9 (II)
사랑 안에서

　지난주에 이어서 오늘은 4-9절까지 살펴보도록 하겠습니다. 하나님께서 제 9계명에서 이웃에 대하여 거짓 증거를 하지 말라고 하셨는데, 출애굽기 23:1-9에서는 그 계명을 좀 더 구체적이고 실제적으로 적용하셨고, 특별히 재판과 관련하여 말씀합니다. 1-3절에서는 당시 재판에 가장 중요하게 영향을 미쳤던 증인에 대해서 말씀합니다. 특별히 증언할 때 위증할 가능성이 가장 많은 상황들을 구체적으로 언급하고 있습니다. 먼저는 인간관계 때문에 위증하지 말라고 하셨고, 다음은 다수를 따라 위증하지 말라고 하셨고, 세 번째는 가난한 사람이라고 동정심 때문에 위증하지 말라고 하셨습니다. 요약하면, 모든 상황에서 모든 사람에 대해 위증하지 말라는 것입니다. 그런데 우리 대부분은 법정에서나 다른 곳에서 다른 사람을 위해 증언할 기회가 많지 않기 때문에 좀 더 포괄적으로 두 가지를 적용했습니다. 하나는 우리 사회가 진실하고 신뢰할만한 사회가 되기를 기도하자고 했습니다. 그것은 예수님께서 주기도문에서 가르쳐 주신대로 하나님의 통치가 임하도록 기도하는 대표적인 예라고 했습니다. 다른 하나는 기도할 뿐 아니라 우리 모두가 모든 상황에서 모든 사람에게 거짓말하지 말고 정직한 사람이 되자고 했습니다. 그것이 세상에서 빛의 사명을 감당하는 것이고, 하나님께 영광을 돌리는 일이라고 말씀드렸습니다.

공정한 판결

오늘 본문인 4-9절도 역시 재판과 관련된 말씀인데, 먼저 6-9절을 보고 그 다음에 4-5절을 보겠습니다. 1-3절이 증인에 대한 것이라면, 6-9절은 판결을 담당하는 재판관에 대한 말씀입니다. 6절입니다.

> 너는 가난한 자의 송사라고 정의를 굽게 하지 말며

가난한 자라고 동정심 때문에 불공정한 호의를 베풀어서도 안 되지만, 가난한 자가 부당한 판결을 받아서도 안 된다는 것입니다. 9절을 보겠습니다.

> 너는 이방 나그네를 압제하지 말라 너희가 애굽 땅에서 나그네 되었었은즉 나그네의 사정을 아느니라.

이 말씀도 역시 문맥을 고려하면, 재판과 관련된 말씀이라고 보는 것이 합당한데, 이방 나그네도 역시 불공정한 판결을 받아서는 안 된다고 합니다. 본문에 언급된 가난한 자 그리고 이방 나그네는 당시 고아와 과부와 함께 대표적인 사회적 약자들이었습니다. 요약하면, 돈 없고 힘없는 사회적 약자들이 재판에서 불이익을 받아서는 안 된다는 것입니다. 7절을 보겠습니다.

> 거짓 일을 멀리 하며 무죄한 자와 의로운 자를 죽이지 말라. 나는 악인을 의롭다 하지 아니하겠노라.

죄가 없는 사람이 억울하게 피해를 보아서는 안 된다는 것입니다. 그러면서 8절에 무엇을 명령합니까?

> 너는 뇌물을 받지 말라. 뇌물은 밝은 자의 눈을 어둡게 하고 의로운 자의 말을 굽게 하느니라.

뇌물을 받지 말라고 합니다. 왜냐하면 뇌물은 눈(즉, 판단력)을 흐리게 하고, 신실한 재판관이라 할지라도 재판을 굽게 하도록 하기 때문이라고 합니다.

성경을 통해서 본 이스라엘 역사에서도 그렇고, 오늘날 우리 사회에서도 힘이 없고 약한 사람들이 죄가 없음에도 불구하고 유죄 판결을 받는 경우가 있고, 지은 죄보다 더 큰 형벌을 받는 경우도 있습니다. 성경의 대표적인 예는 아합 왕의 아내인 이세벨에 의해 발생한 사건입니다(왕상 21장). 이세벨은 자신의 욕심을 채우기 위해 권력을 이용해서 힘없는 백성들을 죽였던 것입니다.

후진국에서는 지금도 그러한 일들이 자주 일어나고 있습니다. 우리나라에서도 '유전무죄, 무전유죄'가 되는 상황이 많습니다. 반드시 그렇지는 않지만 얼마나 많은 돈을 들여서 어떤 변호사를 사느냐에 따라 유무죄가 바뀌는 경우가 있습니다. 전관예우도 비슷한 경우에 해당합니다. 돈이 판결에 관건이 되는 경우가 많이 있는데,

그래서는 안 된다는 것입니다.

　최근 우리나라에서도 그러한 일이 일어나지 않도록 여러 가지 조치를 취하고 있는데 쉽지 않은것 같습니다. 혹시 우리 가운데 법조계에 종사하시는 분들이 계시면 이 말씀을 명심하고 모든 사건을 공정하게 재판해야 할 것입니다. 뿐만 아니라 잘못된 관행이 더 이상 지속되지 않도록 제도적인 면에서도 보완되도록 노력해야 합니다.

　그런데 직접 법정에 서서 증인이 되어야 할 경우가 많지 않은 것처럼 우리 가운데 법조계에 종사하거나 어떤 일을 평가하고 결정하는 자리에 있는 분들은 그렇게 많지 않습니다. 그러면 이 말씀이 우리에게 주는 교훈은 무엇입니까? 위증 문제와 마찬가지로 좀 더 포괄적으로 적용하고자 합니다.

뇌물을 주지도 받지도 말자

　면서, 본문이 특별히 구체적인 예를 들어 강조하는 것이 있습니다. 그것은 뇌물을 받지 말라는 것입니다. 성경을 보면, 타락한 지도자의 대표적인 악행 가운데 하나가 뇌물을 받고 재판을 굽게 하는 것이었습니다. 사무엘상 8:3을 보면, 사무엘 선지자의 아들들의 타락한 모습을 한 마디로 "뇌물을 취하고 판결을 굽게 했다"고 평가합니다. 선지서를 보면, 백성의 지도자들이 대표적으로 잘못된 부분이 뇌물을 사랑하는 것이었습니다(사 1:23; 5:23, 미 3:9-11). 그래서 선지자들이 자주 당시 이스라엘의 지도자들에게 뇌물을 받지 말라고 책망하면서 회개를 촉구하였습니다.

성경만 그렇습니까? 어느 시대에나, 어느 분야에서나 가장 빈번하게 일어나는 범죄 행위 가운데 하나가 뇌물을 주고받는 것입니다. 우리나라에서도 뇌물과 관련된 비리가 매스컴에 계속 오르내리는 것을 보게 됩니다. 국가의 지도자급에 있는 분들이 뇌물 때문에 곤욕을 치르는 경우가 많습니다. 우리나라만 그런 것이 아니죠? 전 세계적으로 마찬가지입니다. 그래서 국가의 선진국 정도를 파악하기 위해 국제투명성기구(TI: Transparency International)에서 매년 부패지수(Corruption Perceptions Index. 뇌물을 받는 쪽에 초점을 맞춘 것입니다)와 격년에 한 번씩 뇌물공여지수 (Bribe Payers Index. 뇌물을 주는 쪽에 초점을 맞춘 것입니다)를 조사해 시 순위를 발표히고 있습니다. 국가의 청렴도가 어느 정도 되느냐는 것입니다. 잘 아시는 것처럼, 우리나라에 대한 평가가 썩 좋은 것은 아닙니다.

사랑하는 성도 여러분,

혹시 우리 가운데 뇌물을 받을 위치에 계신 분들은 본문의 말씀대로 뇌물을 받지 않기를 소원합니다. 왜냐하면 뇌물은 눈(판단력)을 흐리게 하여 잘못된 결정을 내리게 하기 때문입니다. 흔히 뇌물은 마약과 같다고 합니다. 한 번 그 맛을 알면 끊기가 어렵다는 것입니다. 또한 뇌물을 받는 것은 깨끗한 물에 흙탕물을 섞는 것과 같습니다. 우리를 지저분하게 합니다. 저는 우리 모두가 뇌물에서 자유함으로 깨끗한 그릇이 되어 하나님께서 쓰시기에 합당한 자들이 되기를 바랍니다.

그런데 뇌물을 받는 것과 똑같이 나쁜 것은 뇌물을 주는 것입니다. 상대방이 뇌물을 요구하는 경우도 있지만 뇌물을 요구하지도 않았는데 뇌물을 통해 문제를 해결하려는 사람도 많습니다. 저는 우리 가운데 한 사람도 뇌물을 통해 어떤 문제를 해결하려고 하는 분들이 없기를 소원합니다. 하나님을 믿는 사람들이 뇌물을 통해 무엇을 해결하려는 것은 하나님에 대한 불신앙입니다. 하나님께서 가장 싫어하시는 것이 하나님과 함께 다른 것을 의지하여 문제를 해결하려는 것입니다. 우리는 뇌물을 받지도 주지도 말아야 합니다.

그런데 우리말 성경을 보면 잘 이해되지 않는 말씀들이 있습니다. 잠언 17:8을 보면, "뇌물은 임자의 보기에 보석 같은즉 어디로 향하든지 형통케 한다"고 말씀합니다. 또한 잠언 21:14에서는 "은밀한 선물은 노를 쉬게 하고, 품의 뇌물은 맹렬한 분을 그치게 한다"고 합니다. 두 구절은 뇌물이 사람을 형통케 하고, 다른 사람의 분을 그치게 한다고 합니다. 그러나 이것은 번역의 착오입니다. 여기에서 뇌물이라는 단어는 '쇼하드'인데, 사전을 찾아보면 '뇌물'이라는 의미도 있지만 '선물'이라는 의미도 있습니다. 여기에서는 어떻게 번역해야 할 것 같습니까? 당연히 선물입니다. 그러니까 뇌물은 우리의 눈을 어둡게 하지만 선물은 우리의 삶을 형통케 하고 다른 사람의 분을 그치게 한다는 것입니다.

한 걸음 더 나아가, 성경은 선물이 주는 은혜와 복이 있다고 말씀합니다. 잠언 18:16에서는 "선물은 그 사람의 길을 너그럽게 하며 또 존귀한 자의 앞으로 그를 인도하느니라"고 말씀합니다. 잠언 19:6에서는 "너그러운 사람에게는 은혜를 구하는 자가 많고 선물을 주기를 좋아하는 자에게는 사람마다 친구가 되느니라"고 합니다. 선물이 우리의 길을 형통케 하고 많은 친구들을 만들어 준다고 합니다. 왜 그럴까요? 그것은 선물은 감사와 사랑의 마음의 표현이기 때문입니다. 감사와 사랑을 표현할 줄 아는 사람을 하나님께서 형통케 하시고, 다른 사람들의 노를 가라앉히고, 많은 좋은 사람들을 만나게 하는 것입니다. 뇌물이나 선물 모두 똑같이 다른 사람에게 주는 것인데 결과는 천양지차입니다. 뇌물은 멸망의 길로 가게 하지만, 선물은 존귀한 자의 길로 가게 합니다.

뇌물과 선물의 차이

그러면 이렇게 똑같이 주는 것인데 뇌물과 선물의 차이를 명확하게 구분하는 기준이 무엇이라고 생각합니까? 먼저 받는 자의 입장에서 보겠습니다. 어느 경제 윤리학자가 그 부분에 대해서 잘 정리해 주었습니다. 만약 내가 받은 것이 신문에 나도 부끄럽지 않다고 생각되면 그것은 선물이고, 만약 부끄럽다고 느껴지면 그것은 뇌물이라는 것입니다. 동의되십니까? 다음으로, 주는 자의 입장에서 보면, 선물과 뇌물의 차이는 우리의 마음(중심) 또는 동기에 달려있다고 생각합니다. 어떤 목적을 가지고 상대방의 마음을 빼앗기 위해 주는 것이면 뇌물이요, 아무런 조건 없이 감사와 사랑의 마음으로 주는 것이라면 선물이 되는 것입니다. 깔끔하게 정리되셨나요?

저는 우리 모두가 어떠한 경우에도 뇌물은 주지도 받지도 않는 자들이 되길 바랍니다. 그러나 필요할 때마다 선물로 감사와 사랑의 마음을 표현하여 상대방에게 삶의 기쁨과 즐거움을 줄 수 있는 자들이 되길 바랍니다. 뿐만 아니라 저는 우리 모두가 평상시에 존경받는 삶을 살아감으로 많은 선물을 받는 자들이 되길 바랍니다.

판단력이 흐려지지 않도록

오늘 본문이 우리에게 주는 또 하나의 교훈은 나라의 지도자들을 위해 기도하는 것입니다. 당시 재판관들은 각 지파의 지도자였고 어른의 위치에 있는 자들이었습니다. 그런데 성경을 보면, 나라나 공동체의 흥망성쇠는 지도자들에게 달려있는 것을 알 수 있습니다. 왕이나 지도자들이 하나님 앞에 바로 서면 나라와 국민이 태평성대를 누렸습니다. 그러나 그들이 타락하면 나라와 국민이 불행해집니다. 성경에서만 그렇습니까? 오늘날도 그렇습니다. 나라도 마찬가지고 교회도 마찬가지입니다. 핵심은 지도자들입니다. 그래서 바울은 디모데전서 2:1-2에서 지도자들을 위해 기도하라고 했습니다.

> 그러므로 내가 첫째로 권하노니 모든 사람을 위하여 간구와 기도와 도고와 감사를 하되 임금들과 높은 지위에 있는 모든 사람을 위하여 하라 이는 우리가 모든 경건과 단정함으로 고요하고 평안한 생활을 하려 함이라.

사랑하는 성도 여러분,

지난주에도 이 사회가 정직하고 신뢰할만한 사회가 될 수 있도록 기도하자고 했는데, 지도자를 위해 기도하는 것도 성경의 명령입니다. 뿐만 아니라, 우리의 기도가 자신에게만 머물러 있는 것이 아니라, 이 사회와 지도자를 위해 범위를 넓히는 것은 신앙의 성숙을 보여주는 대표적인 모습 가운데 하나입니다. 대개 예수를 믿으면 처음에는 나에게만 관심이 있습니다. 하지만 신앙이 성숙할수록 나와 가족에만 우리의 기도가 머물러 있지 않고, 다른 사람들과 이웃과 지도자들에게까지 미치게 됩니다.

그래서 주님께서도 주기도문에서 우리 자신의 실제적인 문제를 위해서도 기도를 해야 하지만 하나님의 이름, 하나님의 뜻, 하나님의 나라를 위해 먼저 기도하라고 하셨습니다. 본문에서 말씀하는 것처럼, 지도자들을 위해 기도하되 특히 그들의 눈이 흐려지고 판단이 잘못되지 않도록 기도해야 합니다. 성경을 보면 지도자들 가운데 처음의 출발은 좋았는데 나중에 눈이 흐려지고 판단이 흐려지는 사람들이 많은 것을 발견합니다.

대표적인 사람들이 사울과 솔로몬입니다. 사울은 처음에는 참으로 겸손하였지만 나중에 교만하여 판단이 흐려졌고, 솔로몬도 여인들을 사랑하고 향락에 빠져 판단이 흐려졌고, 멸망의 길로 갔습니다. 그 결과 나라는 쇠퇴하고 분열되었고, 국민들은 하나님의 징계를 경험하게 되었습니다. 오늘날도 마찬가지입니다. 지도자가 되어서 초심을 유지하기가 쉽지 않습니다. 처음부터 끝까지 훌륭한 모습을 유지하는 지도자보다 그렇지 못한 지도자가 더 많은 것 같습니다. 따라서 우리는 대통령을 위시한 나라의 지도자들, 그리고 교회의 지도자들이 끝까지 초심을 잃지 않도록, 눈(판단)이 흐려져서 말이나 행동이 굽지 않도록 기도하는 것은 필요하고 중요한 일입니다.

오늘 본문이 우리에게 도전하는 또 하나는 지도자들 뿐 아니라 우리 자신도 평생에 판단력이 흐려지지 않도록 그리고 말이나 행동이 굽지 않도록 최선을 다하고 기도해야 한다는 것입니다. 종종 주위에서 어떤 것에 사로 잡혀서 판단력을 상실함으로 평소와는 전혀 다른 엉뚱한 일을 하는 분들이 있는 것을 봅니다. 이해가 잘 되지 않을 정도입니다. 눈이 멀어지면 우리가 상상할 수 없는 이상한 행동을 하고 또한 빠져 나오기도 쉽지 않습니다. 본문에서는 뇌물을 언급했지만 뇌물이외에도 우리의 판단이 흐려지도록 만드는 것이 많습니다. 어떤 것들이 있죠? 대표적인 것이 돈입니다. 돈이 우리의 최고의 관심이 될 때 돈은 우리의 눈을 흐리게 합니다.

마태복음 6:22-24를 보면, "눈은 몸의 등불이니 그러므로 네 눈이 성하면 온 몸이 밝을 것이요. 눈이 나쁘면 온 몸이 어두울 것이니 그러므로 네게 있는 빛이 어두우면 그 어둠이 얼마나 더하겠느냐? 한 사람이 두 주인을 섬기지 못할 것이니 혹 이를 미워하고 저를 사랑하거나 혹 이를 중히 여기고 저를 경히 여김이라 너희가 하나님과 재물을 겸하여 섬기지 못하느니라"고 하셨습니다. 욕심(또는 집착), 특별히 자녀에 대한 집착도 우리의 판단을 흐리게 합니다. 성급함도 우리의 눈을 흐리게 합니다. 이성(異性)이나 성공이라는 목표도 우리의 판단을 흐리게 할 수 있습니다. 이 외에도 우리의 눈을 흐리게 하는 것들이 많습니다. 그런데 우리 가운데 어느 누구도 이러한 것들을 완전히 극복할 수 있다고 자신할 수 있는 사람은 아무도 없습니다. 저도 마찬가지입니다. 우리는 생애를 마치는 그 순간까지 옳은 판단력을 유지할 수 있도록 기도하면서 최선을 다해야 할 것입니다.

진리와 사랑의 균형

이제 4-5절을 보겠습니다.

네가 만일 네 원수의 길 잃은 소나 나귀를 보거든 반드시 그 사람에게로 돌릴지며,
네가 만일 너를 미워하는 자의 나귀가 짐을 싣고 엎드러짐을 보거든 그것을 버려두지 말고 그것을 도와 그 짐을 부릴지니라.

4-5절도 일반적인 의미보다는 앞 뒤 문맥이 재판과 관련되어 있기 때문에 재판과 관련하여 이해해야 합니다. 그러니까 여기에서의 원수는 일반적인 의미에서 미워하고 사이가 좋지 않은사람을 말한다기보다는 법정에서 상대하는 사람, 위증하는 사람 또는 나에게 부당한 판결을 한 사람을 의미합니다. 그런데 4-5절의 말씀은 1-3절 그리고 6-9절의 명령과 관련하여 아주 중요한 말씀입니다.

1-3절과 6-9절에서는 굉장히 냉정하고 엄격한 삶과 재판을 명령합니다. 어쩌면 피도 눈물도 없는 삶을 요구합니다. 아무리 인간적으로 가깝더라도 그 사람을 위해 위증하지 말라고 하셨습니다. 많은 사람이 나아가는 방향이 잘못된 것이라고 판단되면 그 길을 가지 말라고 하셨습니다. 약자라고 동정심 때문에 편들어 주지 말라고 하셨습니다. 뇌물은 절대로 주고받지 말고 부당한 판결을 내리지 말라고 하셨습니다. 우리가 이러한 삶을 살 때 주위에서 우리를 무서운 사람 또는 피도 눈물도 없는 사람이라고 평가할 수 있습니다. 그렇지 않겠습니까?

그러나 그것이 하나님께서 우리에게 요구하는 삶 전부가 아닙니다. 우리가 한 편으로는 그러한 삶을 살아야 하지만, 다른 한 편으로 우리가 명심할 것이 있습니다. 그것이 4-5절의 말씀입니다. 본

문의 구조를 보면, 양쪽에 비슷한 내용을 언급하고 중간에 다르게 보이는 내용을 언급하고 있습니다. 이런 방식의 문학적 기법을 소위 '샌드위치 기법'이라고 합니다. 핵심은 어디에 있습니까? 가운데에 있습니다. 쉽게 이야기하면, 본문의 핵심은 진리를 행하되 사랑 안에서 행하라는 것입니다. 또는 사랑과 진리가 균형을 이루라는 것입니다.

여러분, 법정에서 상대하는 사람 또는 자신이 불리하도록 위증하는 사람에게 이와 같이 사랑을 베푸는 것이 쉽습니까? 결코 쉽지 않습니다. 해코지만 하지 않아도 양호한 것입니다. 그러나 하나님께서는 그런 사람에게 선을 행하고 사랑을 베풀라고 말씀합니다. 하나님께서는 사랑 안에서 진리를 행하는 것 또는 사랑과 진리의 균형을 이루는 것이 얼마나 중요한지 성경에서 구체적인 예를 보여주십니다.

대표적으로 요한계시록에 있는 에베소 교회에 대한 말씀입니다(계 2:1-7). 에베소 교회는 진리와 사랑의 균형이 무너졌기 때문에 주님으로부터 심하게 책망을 받았습니다. 이러한 주님의 평가를 좀 더 명확하게 알기 위해서 당시 에베소 교회의 상황과 모습을 살펴볼 필요가 있습니다. 당시 에베소 지방은 소아시아 지방의 대표적인 도시로 소아시아 지방의 상업과 교통과 문화의 중심지였습니다. 특별히 에베소 지방에서 가장 유명했던 것은 아데미 여신을 숭배하는 아데미 신전이었습니다(참고. 행 19장). 이 신전은 넓이 130m, 길이 68m, 높이 18m나 되는 어마어마한 신전으로, 어느 누구라도 이 신전 안으로 들어오면 체포할 수 없을 정도로 신성 불가침지역이었습니다. 뿐만 아니라, 에베소 지방에는 미신이 성행했는데, 사람들은 아데미 상을 새긴 부적을 품고 다니면 안전하고 장사가 잘된다고 믿었고, 부적은 어린애를 못 낳는 부인들에게 잉태케 하는 능력까지 부여한다고 믿었습니다.

그러한 상황에서 주님께서는 에베소 교회를 크게 세 가지 부분에서 칭찬하셨습니다. 먼저, 주님께서는 그들의 행위를 칭찬하였습니다. 그들은 악한 것을 용납지 않았습니다. 특별히 당시의 이단 가운데 하나인 니골라당의 행위를 철저히 배격하였습니다. 에베소 지방에 많은 이단 사상들이 있었고, 자칭 그리스도의 제자들이라고 하면서 교인들을 현혹하는 많은 거짓 교사들이 있었는데 에베소 교회는 그러한 이단 사상들과 거짓 교사들을 잘 분별하여서 그들이 교회에 발을 들여놓지 못하게 하였던 것입니다. 다음으로, 주님께서는 그들의 수고를 칭찬하였습니다. 여기에서 '수고'라는 말은 원어(κοπος)에서 보면 기진맥진 할 정도로 최선을 다해서 일을 하는 것을 의미합니다(살전 2:9, 3:8; 고전 15:58). 에베소 교회는 최선을 다해서 열심히 주님을 위해서 수고한 교회였습니다. 세 번째로, 그들의 인내를 칭찬하였습니다. 에베소 교회는 당시의 다른 교회들과 마찬가지로 계속되는 핍박과 어려움이 있었지만 흔들리지 않고 주님의 이름을 위해서 참고 견딘 신실함을 보여주었습니다. 그러니까 도시 전체가 온통 아데미 신을 숭상하고, 많은 이단들과 거짓 교사들이 난무하는 곳에서, 그리고 계속되는 핍박과 어려움 가운데서 하나님을 온전히 섬긴다는 것이 결코 쉽지 않았음에도 불구하고 그들은 신앙의 정통성을 확립하였고 열정과 신실함으로 주님을 섬겼습니다.

그런데 그들의 문제는 무엇이었습니까? 처음 사랑을 버린 것입니다. 그들은 이단 사상을 배격하고 진리를 수호하기 위해 열심히 수고하고 인내하는 과정에서 그 일 자체에 너무 몰입한 나머지 그들도 모르게 하나님에 대한 사랑이 식어버렸고, 성도 상호간에도 극도의 삭막함과 냉랭함이 생기게 되었습니다. 성도 상호간에 신뢰와 사랑을 잃어버리고 서로 판단하고 정죄하는데 급급하였던 것입니다. 그래서 주님께서는 그들의 행위와 수고와 인내가 아무리 칭찬을 받을만 하여도 진리와 사랑의 균형이 무너져 버렸기 때문에 처음 사랑을 회복하지 않으면 촛대를 옮기겠다고 심판을 선포하였습니다.

　4-5절의 말씀이 얼마나 중요하고 무서운 명령인지를 우리는 에베소 교회를 향한 주님의 메시지를 통해 확인할 수 있습니다. 우리는 진리 안에 서 있어야 합니다. 그러나 사랑 없이 진리를 행하는 것은 옳지 않습니다. 우리는 사랑 안에서 진리를 행해야 합니다.

　정리합니다. 하나님께서 우리에게 요구하시는 삶은 사랑과 진리의 균형입니다. 다시 말해, 진정한 사랑은 진리와 함께 행해져야 하고 또한 진리는 사랑 안에서 행해져야 합니다. 예를 들어 봅시다. 아이들을 키울 때에 마땅히 행해야 할 도리와 원칙을 가르치지 않은 채 무작정 사랑을 베푼다면 그 아이가 잘못될 가능성이 많습니다. 그러나 사랑의 마음이 없이 무조건 진리만을 강조한다면 그 아이의 마음에 원한이 생길 것입니다. 직장생활 하면서도 마찬가지입니다. 만약 우리가 사랑의 마음 없이 진리를 행한다면 우리는 참으로 외로운 삶을 살 것입니다. 모두가 우리를 멀리할 수도 있습니다. 물론 그렇게 해야 할 때도 있습니다. 그러나 주님은 우리가 공동체 안에서 지체로 살기 원하시지 외톨이의 삶을 살기를 원치 않으십니다. 그러나 진리에 대한 명확한 분별력과 각오 없이 무조건 사랑을 행한다면, 그 때는 기독교인으로서 정체성이 모호해 질 것입니다. 교회도 마찬가지입니다. 사랑과 진리가 균형을 이루는 교회가 가장 바람직한 교회입니다. 그런데 사랑 안에서 진리를 행하고 진리 안에서 사랑을 행하는 사랑과 진리의 균형을 이루는 신앙과 삶이 쉬운가요? 어려운가요? 물론 쉽지 않습니다. 진리를 강조하다보면 냉철하고 매몰차게 일을 처리하기 쉽고, 사랑에 치우치다 보면 진리 부분이 모호해질 가능성이 많습니다. 그러나 사랑 안에서 진리를 행해야 하고, 진리 안에서 사랑하는 균형 잡힌 신앙과 삶은 주님의 절대적인 요구입니다. 우리 개인도 그렇게 해야 하고, 우리 공동체 도 그렇게 해야 합니다.

말씀을 맺겠습니다.

오늘 본문은 어떠한 경우에도 위증이나 거짓말을 하지 말라고 합니다. 또한 어떠한 경우에도 부당한 판결을 하지 말라고 합니다. 그리고 뇌물을 받음으로 판단력이 흐려지지 않도록 하라고 하십니다. 이것은 참으로 엄격한 삶입니다. 그러나 그것만이 전부가 아니라고 하십니다. 하나님께서는 사랑 안에서 진리를 행하기를 명령합니다. 저는 우리 모두가 에베소 교회처럼 진리 때문에 사랑을 잃어버려서 주님께 책망 받는 일이 없기를 바랍니다. 저는 우리 모두가 사랑 안에서 참된 것을 하고, 진리 안에서 사랑을 하는 균형 잡힌 삶과 신앙을 소유하기를 바랍니다.

출애굽기 23:10-13

안식년, 희년, 안식일

성경을 묵상하면서 우리가 꼭 해야 할 가장 중요한 일은 하나님께서 주신 말씀을 우리의 신앙과 삶에 적용하고 실천하는 것입니다. 하나님께서는 하나님의 말씀이 우리의 머리에만 있기를 원치 않으시고, 그 말씀을 통해 우리의 신앙과 삶에 변화와 성숙이 있기를 원하십니다. 그런데 하나님의 말씀 가운데 어떤 내용들은 문자 그대로 적용할 수 있습니다. 예를 들어, '이웃을 사랑하라,' '기도하라', '복음을 전하라' 등과 같은 내용은 문자 그대로 적용할 수 있습니다. 하지만 성경 가운데 문자 그대로 적용할 수 없는 내용들이 있습니다. 사실 그러한 부분들이 훨씬 많습니다. 예를 들어, 지난주에 보았던 법정에서의 증언이나 재판관에 대한 말씀은 우리가 그런 환경에 있지 않기 때문에 문자 그대로만 적용할 수 없습니다. 또한 성경은 약 2000년 전부터 약 3500년 전에 쓰였고, 그 가운데 3/4은 예수님이 오시기 전에 쓰여 졌습니다. 성경이 기록된 때와 오늘날 우리는 문화적으로, 환경적으로, 시대적으로 그리고 구원사적으로 다른 상황에 있기 때문에 문자적으로 적용할 수 없는 경우들이 많은 것입니다. 그 때 우리는 그 말씀의 기본 원리 또는 하나님의 의도를 발견하여 우리의 신앙과 삶에 적용해야 합니다. 또한 성경의 어떤 부분은 일부는 문자적으로 적용하고 일부는 원리적으로 적용해야 할 경우도 있습니다. 아마 오늘 본문에서 언급하고 있는 안식년과 안식일이 그 부분에 해당하지 않을까 생각합니다.

함께 읽으신 것처럼 오늘 본문은 안식년과 안식일에 대한 것입니다. 오늘 본문에는 간단히 언급되어 있지만 율법을 보면 여러 곳에서 안식년과 안식일에 대해 말씀하고 있습니다. 오늘은 율법 전체를 통해서 안식년과 안식일의 의미가 무엇인지, 그리고 그것이 우리의 신앙과 삶에 주는 교훈은 무엇인지 함께 살펴보도록 하겠습니다.

안식년

먼저, 안식년입니다. 10-11절입니다.

너는 여섯 해 동안은 너의 땅에 파종하여 그 소산을 거두고, 일곱째 해에는 갈지 말고 묵혀두어서 네 백성의 가난한 자들이 먹게 하라 그 남은 것은 들짐승이 먹으리라. 네 포도원과 감람원도 그리할지니라.

육년 동안 땅에 파종하여 소산을 거두다가 제 7년에는 갈지 말고 묵혀두라고 합니다. 레위기 25장을 보면, 그 때에는 파종하지도 말고 다스리지도 말라고 합니다. 씨를 뿌리지도 말고 관리하지도 말라는 것입니다. 농경 사회에서 파종하고 관리하지 않으면 당연히 그 해에 사람도 쉬게 되어 있습니다. 그러니까 7년째에는 땅도 사람도 쉬라는 것입니다. 그 밭에서 자연스럽게 나는 열매는 가난한 자들로 먹게 하고, 남은 것은 들짐승이 먹게 하라고 하셨습니다. 물론 이 때 주인도 먹을 수는 있었지만(레 25:6), 수확하거나 보관하는 것은 금지되었습니다. 다시 말해, 안식년에 얻게 되는 소출은 어느 한 개인의 재산이 아니라 공동체 전체의 소유가 되도록 하신 것입니다. 계속해서 "포도원과 감람원(올리브 과수원)도 그리할 것이라"고 합니다. 밭의 작물 뿐 아니라 모든 과수원의 열매도 그렇게 하라는 것입니다.

그런데 율법의 다른 부분을 보면 오늘 본문에서 말씀하지 않는 것들이 좀 더 자세하게 설명되어 있습니다. 출애굽기 21장과 신명기 15장을 보면, 안식년이 되면 종이 된 이스라엘 사람들을 값없이 풀어 주도록 하였습니다. 신명기 15장을 보면, 이스라엘 사람에게는 빚도 면제해 주어야 했습니다(신 15:1-11). 그래서 안식년을 '면제년'이라고 부르기도 했습니다(신 15:2). 그러면서 부가적으로 명령한 것이 있습니다. 풀어줄 때도 그냥 빈손으로 가게 하지 말고 그들이 먹고 살 수 있도록 양과 곡식과 포도주를 주라고 하셨습니다(신 15:12-18). 또한 면제년이 가까웠다하고 궁핍한 형제에게 꾸어주지도 않고 모질게 해서는 안 된다고 하셨습니다. 뿐만 아니라 "안식년 때 종을 풀어주면, 여호와께서 너의 범사에 복을 줄 것이고(신 15:12-18)" "빚을 탕감해 주면, 네가 복을 받을 것이고 너희 중에 가난한 사람이 없을 것이다(신 15:5)"라고 약속해 주셨습니다.

희년

여기에서 안식년과 연결해서 한 가지 더 생각해 보아야 할 것은 '희년'에 대한 것입니다. 레위기 25장을 보면, 안식년에 대해 언급하신 다음에 희년(禧[복될 희]年, Jubilee)에 대해서 자세하게 말씀합니다. 희년은 우리말로는 '복된 해'인데 전체적으로 보면, '자유의 해'의 의미가 더욱 강합니다. 희년은 히브리어로 'לבוי(요벨)'인데, '숫양'이란 뜻입니다. 이것은 그 해에 숫양 뿔로 만든 나팔(그것을 흔히 양각나팔이라고 합니다)을 불어 자유를 선포한 것에서 유래되었습니다. 희년은 매 7년마다 안식년을 지키고 안식년이 일곱 번이 지난 다음 해 즉 50년 마다 한 번씩 지켰습니다. 이때도 역시 안식년과 같이 파종하지 않고 스스로 난 것을 거두지 말아야 했습니다(레 25:11). 그러면서 마치 안식일을 거룩하게 하라고 하셨던 것처럼 이 50년째 되는 해를 거룩하게 하라고 하셨습니다(레 25:10,12).

특별한 것은 희년 전 해에는 하나님께서 안식년과 희년을 위해 3년 동안 먹을 수 있는 수확을 주신다고 약속하셨습니다(레 25:21). 성경에 구체적으로 언급되지 않았지만 이것은 안식년에도 적용되었을 것입니다. 그리고 희년이 되면 모든 사람에게 자유를 선포하여 각기 원래의 기업으로 돌아갔습니다(레 25:10). 죄인들의 모든 죄가 탕감되었고, 이방인들에게 팔린 이스라엘 종들도 풀려나게 되었습니다. 이때는 땅을 포함해서(레 25:50-52) 남에게 산 재산도 원래의 주인에게 돌려주었습니다(레 25:28). 뿐만 아니라 땅을 사고 팔 때는 희년까지 몇 해나 남았는지 그리고 얼마나 수확이 나오는지 계산해서 거래해야 했습니다(레 25:15-16, 25:50-52). 이것은 형평의 원칙을 적용한 것이기도 하지만, 희년을 계속 기억하라는 의미도 있습니다. 그러면서 하나님께서 이렇게 안식년과 희년을 지키면서 토지와 재산을 돌려주라고 한 이유를 말씀하십니다. 레위기 25:23 입니다.

> 토지를 영구히 팔지 말 것은 토지는 다 내 것임이니라. 너희는 거류민이요 동거하는 자로서 나와 함께 있느니라.

토지를 영영히 팔지 못하는 이유는 토지가 하나님 것이기 때문이고, 너희는 나그네요 우거하는 자이기 때문이라는 것입니다. 그리고 "이 규례를 지키면 너희가 그 땅에 안전히 거할 것이다(레 25:19)"고 약속하십니다.

요약하면, 안식년과 희년의 대표적인 의미는 '안식' 과 '자유' 와 '회복' 입니다. 육체적으로 안식하게 되었고, 신분적으로 노예에서 해방되어 자유인이 되었고, 경제적으로(물질적으로) 빚이 탕감되었고 재산이 회복되었습니다. 특별한 것은 안식년과 희년의 자유와 회복이 오직 하나님의 백성인 이스라엘에게만 주어졌다는 것입니다(참고. 레 25:55). 할례를 받아서 이스라엘에 귀화한 자들은 이스라엘과 같이 혜택을 누렸으나 임시로 체류하는 이방인 종들은 안식년이나 희년에 해방되지 못하고 이스라엘의 영원한 종이 되었습니다(레 25:46). 이것은 무엇을 의미합니까? 그것은 안식년과 희년은 예수님께서 오셔서 주실 구원을 예표 하는데, 주님께서 주실 안식과 자유와 회복이 모든 사람들에게 임하는 것이 아니라 하나님의 자녀들에게만 적용될 것임을 보여줍니다. 이 부분은 다음 주에 좀 더 말씀드리겠습니다.

안식일

다음은 안식일입니다. 12-13절을 보겠습니다.

너는 엿새 동안에 네 일을 하고 일곱째 날에는 쉬라 네 소와 나귀가 쉴 것이며 네 여종의 자식과 나그네가 숨을 돌리리라. 내가 네게 이른 모든 일을 삼가 지키고 다른 신들의 이름은 부르지도 말며 네 입에서 들리게도 하지 말지니라.

우리가 잘 아는 것처럼, 10계명 가운데 제 4계명이 안식일에 관한 규정입니다. 하나님께서는 제 4계명에서 하나님의 백성들에게 6일 동안은 열심히 일하고 제 7일은 구별하여 거룩하게 지키라고 하셨습니다. 출애굽기 34:21에서는 밭을 갈 때나 수확을 할 때에도 쉬라고 하였습니다. 아무리 중요한 일을 하더라도 안식일에는 쉬라는 것입니다. 출애굽기 35:3에서는 안식일에 모든 처소에서 불도 피우지 말라고 하셨습니다. 안식일에 불을 피우는 것 자체가 일이 되었기 때문입니다. 또한 출애굽기 16:23에서는 안식일에 필요한 만나는 하루 전날 밤에 요리해야 한다고 말씀하셨습니다. 그만큼 엄격하게 지켜야 했습니다.

그런데 율법을 보면 안식일을 지켜야 할 이유를 두 가지로 말씀하십니다. 하나는 출애굽기에 언급되어 있는데, 하나님께서 6일 동안 천지를 창조하시고 쉬셨기 때문에 이스라엘이 안식일을 지켜야 된다고 하셨습니다. 다른 하나는 신명기에 언급되어 있는데, 하나님께서 이스라엘을 구원하셨기 때문에 안식일을 지켜야 한다고 하셨습니다. 이 둘은 별개의 것이 아니라 종합적으로 이해해야 합니다. 다시 말해, 안식일은 하나님께서 창조하시고 안식하셨기 때문에 그리고 하나님께서 그들에게 구원을 베푸셨기 때문에 이스라엘이 하나님의 창조와 구원을 기억하고 감사하며 구별되게 지켜야 했습니다.

또한 안식일과 관련하여 하나님께서 계속 강조하는 것은 하나님께서 그 날은 다른 날과는 다르게 특별히 복되고 거룩하게 하셨고(창 2:3; 출 20:11), 하나님의 백성들은 그 날을 다른 날과는 다르게 지켜 그들 자신을 거룩하게(구별되게) 해야 한다는 것입니다(신 5:12). 실제로 하나님께서는 이스라엘이 광야 생활을 하면서 이 날이 구별된 날임을 경험하게 하셨습니다. 안식일에는 만나와 메추라기도 주시지 않았고, 안식일 전날에 이틀 분을 주셨던 것입니다.

그런데 예수님께서 오셔서 십자가에 못 박히시고 부활하셔서 구원을 완성하신 지금 우리는 구약에서의 일곱째 날을 지키지 않고 안식일 다음 날을 구별하여 주님의 날로 지키고 있습니다. 왜냐하면 우리 주님께서 안식일 다음 날에 부활하셔서 구원을 완성하셨기 때문입니다. 그러나 주일과 안식일의 근본적인 취지나 목적이나 원리는 전혀 다르지 않고, 단지 날만 변경되었습니다. 따라서 주일도 안식일의 취지나 원리에 따라서 지켜야 합니다.

그러면 하나님께서 안식일, 안식년, 희년을 제정하고 특별히 구별하셔서 이스라엘에게 지키라고 하신 것이 우리에게 주신 의미와 교훈이 무엇인지 생각해 보겠습니다.

쉼과 예배로

먼저, 안식년, 희년 그리고 안식일의 가장 대표적인 공통점은 '육체적 쉼'입니다. 일주일에 하루를 쉬라고 하셨고, 7년마다 한 해를 쉬라고 하셨습니다. 논과 밭과 과수원도 7년마다 한 해를 쉬라고 하셨습니다. 산술적으로 항상 1/7을 육체적으로 쉬어야 한다는 것입니다. 저는 이 말씀을 문자적으로 그대로 우리에게 적용해야 한다고 믿습니다. 왜냐하면 그것이 창조 질서이기 때문입니다. 실제로 우리 대부분은 일주일에 하루 이상은 쉬고 있습니다. 엄격히 말하면 주 5일 근무는 성경적이 아닙니다. 하나님께서는 6일 동안 열심히 일하라고 했기 때문입니다. 실제로 주 5일 근무로 인해 주일이 온전히 지켜지지 않는 경향도 있습니다. 그런데 안식년은 그렇게 일반화되지 않았습니다. 대학에 계신 분들이나 일부 목회자들에게만 적용되고 있습니다. 하지만 저는 그렇게 멀지 않은 장래에 안식년도 많이 일반화되지 않을까 생각합니다. 그리고 그것이 성경적입니다.

그런데 문제는 요즈음에 이러한 창조의 원칙을 무시하고 일주일에 하루도 쉬지 않고 일하고 있는 분들이 많다는 것입니다. 최근 어떤 조사를 보니까 한국 직장인들의 연평균 근로시간이 경제협력개발기구(OECD) 국가 중 1위를 차지하고 있다고 합니다. 2위와 3위인 체코, 헝가리와의 무려 300시간이나 차이가 난다고 합니다. 그러니까 일주일에 40시간을 평균 근로시간으로 계산하면 다른 나라 사람들보다 두 달 가까이 더 많이 일을 한다는 것이죠. 물론 우리 민족이 근면하고 열심히 일하기 때문에 지금처럼 놀라운 경제 성장을 이루었지만, 과도한 노동으로 대한민국 40대 직장인은 전 세계에서 과로사율 1위를 차지하고 있습니다. 이것은 결코 바람직한 것이 아닙니다.

지난주에 중국의 경제 신문(중국경제망 보도)의 기사가 그대로 보도되었는데, 그 기사를 보니까 최근 들어 중국 대기업 고위 간부들의 사망이 잇따르고 있다고 합니다. 지난해 1월부터 지금까지 1년 6개월여 동안 상장회사나 유명 대기업의 회장 등 고위 간부 19명이 사망했는데, 이들의 평균 연령은 50세에 불과했다고 합니다. 그 주된 원인은 기업 간 경쟁이 치열해지면서 과로와 스트레스에 시달렸기 때문이라고 합니다. 그러면서 그 신문이 최근 기업인들을 대상으로 조사한 결과 90.6%가 자신이 과로 상태라고 응답했으며 기업인들이 매주 6일, 하루 평균 11시간씩 일하고 수면 시간은 6.5시간이었다고 합니다. 그러면서 일부 기업은 고위 임원들의 과로를 막고 재충전의 기회를 주기 위해 강제 휴가제 등을 도입하고 있다고 합니다.

여러분, 일주일에 하루를 구별하여 육체적으로 편안하게 쉬는 것은 결코 낭비가 아닙니다. 여기에서 쉰다고 하는 것은 우선적으로 '그침' 또는 '멈춤'을 의미합니다. 머릿속에 일에 대한 생각이 그대로 있으면 육체적으로 편안하게 쉴 수 없지 않겠습니까? 그러니까 주일 하루는 일상적인 모든 것을 내려놓고 부담 없이 편안하게 푹 쉬어야 합니다. 그것이 창조 질서에 합당한 것이고 그렇게 하는 것이 실제적으로 유익하고 효과적일 것입니다. 그것은 역사적으로도 다양한 방면에서 증명되었습니다(이와 관련하여 마르바 던(Marva J. Dawn)의 〈안식〉을 읽으면 많은 도움이 될 것입니다).

그런데 저는 어른들도 문제지만 우리 아이들도 문제라고 생각합니다. 우리의 아이들에게도 일주일에 하루를 쉬게 해 주어야 합니다. 그런데 많은 부모들이 아이들에게 주일에도 공부하도록 강요하고 있고, 아이들도 주일에 공부하지 않으면 불안하게 생각합니다. 단기적으로 보면 주일에 공부하는 것이 도움이 될지 모르겠지만, 장기적으로 보면 하루를 쉬는 것이 능률적이고 효과적일 줄 믿습니다. 왜냐하면, 그것이 창조 질서이기 때문입니다. 마르바 던은 이렇게 결론 내립니다. "하나님은 자신의 계명을 존중하는 자들을 존중하신다." 우리 하나님은 창조질서에 따라 사는 사람에게 은혜와 복을 주실 줄 믿습니다.

그런데 안식일이나 안식년은 단순히 쉬는 날은 아닙니다. 오늘 본문을 보면, 13절에서 하나님만을 섬기라고 했습니다. 이 말씀은 문맥에 비추어보면('부르다'는 '예배하다'는 것을 의미합니다), 안식일에 하나님께만 예배하라는 말씀입니다. 실제적으로도, 우리는 예배를 드림으로 창조와 구원을 기억하며 감사할 수 있습니다.

오늘날 우리는 한편으로는 너무 바쁘게 살아가지만 다른 한편으로는 오늘날처럼 여가를 즐길 수 있는 환경을 가진 적이 없었습니다. 주 5일 근무가 일반화되었고, 휴가를 즐기는 것이 너무도 자연스러운 시대가 되었습니다. 삶에 많은 여유도 생겼습니다. 그럼에도 불구하고 자살하는 사람들이 계속 늘어나고 있고, 정신적으로 어려움을 겪고 치료가 필요한 사람들이 점점 늘어나고 있습니다. 왜 그렇습니까? 그것은 육체적 쉼이 전부가 아니기 때문입니다. 사실 오늘날 우리에게 진정으로 문제가 되는 것은 육체적인 피로가 아닙니다. 우리의 진정한 문제는 정신적이고 영적인 피로입니다. 실제적으로도 육체적으로 피곤할 때, 하루나 이틀만 푹 쉬면 대부분 괜찮아집니다. 그러나 정신적인 피로와 스트레스는 쉽게 해결되지 않고 그것이 쌓여서 심각한 병이 되는 경우가 많습니다.

저는 오늘날 우리에게 진정한 쉼을 누리지 못하게 하는 대표적인 것이 크게 세 가지라고 생각합니다. 그것은 '죄'와 '욕심' 그리고 '근심 또는 걱정'입니다. 정상적인 사람이라면 죄가 있으면 평안을 누리지 못합니다. '도둑이 제 발 저린다'는 말이 있지 않습니까? 죄에 눌려 있으면 늘 불안하고 초조해 하지 않을 수 없습니다. 그리고 우리가 살아가면서 갖게 되는 세상에 대한 과도한 욕망과 욕심도 우리에게 평안과 안식을 주지 못합니다. 그것은 우리로 하여금 어떤 것에 집착하게 하고 그것 때문에 우리는 늘 긴장하며 피곤하고 힘든 삶을 살게 됩니다. 또한 가정과 직장과 자녀나 삶의 여러 문제들에 대한 걱정과 근심이 우리를 힘들게 합니다. 걱정과 근심은 밤에 잠을 이루지 못하게 하고 밥맛을 잃게 합니다. 이러한 것들은 모두 정신적이고 영적인 것입니다. 이러한 문제들이 해결되지 않으면 우리는 진정 쉼과 회복을 경험할 수 없습니다.

그런데 우리는 주일에 하나님께 나와 예배를 드리면서 우리를 짓누르고 있는 죄의 용서를 경험하게 됩니다. 예배드리면서 우리의 삶을 돌아보고 세상을 향한 욕망과 욕심의 삶이 잘못되었음을 깨달고 삶의 방향을 바꾸게 됩니다. 예배를 드리면서 하나님께 대한 믿음과 신뢰를 회복하고 걱정되고 근심되는 모든 것을 하나님께 맡기게 됩니다. 그리고 어려운 삶의 문제를 해결할 수 있는 지혜를 얻습니다.

윌리엄 윌버포스(William Wilberforce, 1759-1833)라는 분이 있습니다. 그 분은 19세기 초 영국하원 의원으로 노예제도는 불법이라고 주장하며 노예제도를 폐지하는 역사적인 법률안을 통과시킨 위대한 업적을 남긴 사람입니다. 그가 이렇게 고백했다고 합니다.

> 오늘처럼 쉬면서 신앙에 전념할 수 있는 날을 주신 하나님을 찬양하나이다. 이 날에 이 땅의 것들은 그 본래의 크기를 드러내고 내 야심은 수그러들었나이다.

그에게 끊임없이 솟아오르는 욕심과 야망을 제거하고 낙심과 좌절을 극복할 수 있었던 최고의 원동력은 주일의 예배였다는 것입니다. 그는 주일이 예배를 통해 영적 정신적 내면세계의 질서를 정리하고 새로운 영적 에너지를 공급받았다고 합니다.

여러분, 하나님께서 이러한 복과 은혜를 경험하기 위해 우리에게 주일을 주셨습니다. 그리고 예배는 이 세상 어디에서도 경험할 수 없는 하나님의 백성만이 누릴 수 있는 특권이요 은혜입니다. 저는 우리 모두가 준비하고 사모하는 마음으로 예배하면서 매 주일마다 진정한 쉼과 회복을 경험하게 되고 새로운 힘을 공급받는 은혜를 누릴 수 있기를 바랍니다.

공동체 의식을 가지고

다음으로, 하나님께서 안식년(희년)을 지키라고 하면서 안식년의 소출은 땅 주인이 수확하고 보관하는 것이 아니라 그냥 두어서 가난한 사람들과 짐승이 먹게 하라고 했습니다. 그 수확물은 공동체 전체의 소유였습니다. 이것은 무엇을 의미합니까? 이것은 하나님께서 자신들에게 주신 것을 자신만 누려서는 안 되고 이웃과 함께 나누며 살아야 함에 대한 훈련과 교육이었습니다. 한 마디로 하면, 공동체성에 대한 훈련이요 교육이었습니다.

요즘은 옛날에 비해서 공동체성이 갈수록 약화되고 있는 것 같습니다. 공동체싱과 관련하여 가장 문제가 되는 것은 크게 두 가지입니다. 하나는 개인주의적인 경향이 점점 심해지고 있다는 것입니다. 통계청이 발표한 바에 따르면 1980년만 하더라도 5인 이상 가구가 거의 절반(49.9%)을 차지했었지만 지난해는 1-2인 가구가 거의 절반(48.2%)를 차지했다고 합니다. 두 가구 중 한 곳이 1-2인 가구인 셈입니다. 30년 사이에 엄청난 변화가 일어난 것입니다. 전문가들은 이러한 변화는 결혼하지 않고 혼자 사는 싱글들이 늘어났고, 결혼을 해도 양육부담으로 아이를 낳지 않거나, 또는 성인 자녀들이 일찍 독립하여 부부만 살기 때문이라고 합니다.

또 한 가지는 경쟁이 갈수록 치열해지고 있다는 것입니다. '정글의 법칙,' 또는 '레드오션'이 이 사회를 지배하는 것 같습니다. 정글의 법칙이나 레드오션의 기본은 경쟁해서 이긴 자만이 살아남을 수 있기 때문에 모든 수단과 방법을 동원해서 이기는 삶에 초점이 맞추어져 있습니다. 그것은 자연계도 마찬가지입니다. 자연계도 적자생존의 법칙, 약육강식의 법칙이 지배합니다. 문제는 사람들이 그러한 경쟁의 법칙들을 우리가 따라야 할 세상의 질서 또는 삶의 방식인 줄 생각하고 있다는 것입니다. 그러나 그것은 하나님께서 원래 의도하셨던 창조 질서가 아니었습니다. 그것은 타락한 이후에 나타난 법칙이었습니다.

창세기를 보면, 하나님께서 우리 인간을 창조하실 때 동물과는 다르게 특별한 과정을 거쳐 우리 인간을 만드신 것을 알 수 있습니다. 다른 모든 짐승들은 그냥 "있어라"고 하셨는데, 우리 인간은 아담을 만드시고 혼자 있는 것이 좋지 못하여 돕는 배필로 하와를 만드셨다고 하셨습니다. 그런데 여기에서 '돕는다' 는 말은 히브리어 원어를 보면 '에제르(עזר)' 인데 많은 경우 하나님께서 자기의 백성을 도울 때 사용하는 단어입니다. 예를 들어볼까요? 출애굽기 18:4을 보면, 모세가 두 번째 아들의 이름을 '엘 리 에셀(에제르)' 이라고 하였는데 그것은 '하나님이 나의 도움이 되셨다' 는 의미입니다. 사무엘상 7:12을 보면, 미스바에서 이스라엘이 블레셋을 이긴 다음에 미스바와 센 사이에 돌을 세워 다음 그 이름을 '에벤 에셀(에제르)' 이라고 하였습니다. 여기에서 에벤은 돌을 의미합니다. 그러니까 에벤 에셀은 하나님께서 도우셨음을 기념하는 돌이었습니다. 그러니까 여기에서 돕는 배필이라는 것은 부부 간에 남편이나 아내가 열등해서 배우자를 돕는 것이 아닙니다. 돕는다는 것은 오히려 강하고 도울 만하니까 돕는 것입니다.

이것은 우리 인간이 어떤 삶을 살아야 하는지를 분명히 보여줍니다. 시간적으로 1/7을 육체적으로 쉬는 것이 하나님의 창조질서에 속하는 것처럼 하나님께서 우리에게 주신 힘과 능력으로 서로 돕고 서로의 필요를 채우는 삶도 역시 하나님께서 창조하실 때 의도하셨던 창조질서입니다. 물론 지금 우리는 타락한 상태에 있기 때문에 어느 정도 경쟁과 자극이 필요하다고 생각할 수도 있습니다. 그러나 하나님께서 우리에게 요구하시고 원하시는 삶의 모습은 경쟁이 아니라 협력이요 상호도움인 줄 믿습니다.

유행가이지만 교훈을 주는 노래가 있습니다. '작은 연못과 붕어들' 이라는 노래인데 내용은 이렇습니다.

깊은 산 오솔길 옆/자그마한 연못엔/지금은 더러운/물만 고이고/아무것도 살지 않지만/먼 옛날 이 연못엔/예쁜 붕어 두마리/살고 있었나고/선해지죠.
깊은 산 작은 연못/어느 맑은 여름날/연못 속에 붕어 두 마리/서로 싸워 한 마리는/물위에 떠오르고/그놈 살이 썩어 들어가/물도 따라 썩어 들어가/연못 속에선 아무것도/살수 없게 되었죠.

사랑하는 성도 여러분,

이 가사가 보여주는 것처럼 자신의 이익만을 추구하는 이기적인 삶을 살면, 그리고 경쟁해서 남을 누르려고 하는 삶을 살면 함께 망하게 되어있습니다. 그것은 너무 분명합니다. 왜냐하면, 그것이 창조질서이기 때문입니다. 하나님께서 안식년(희년)을 통해 우리에게 요구하시는 삶은 공동체적인 삶입니다. 우리는 혹시 남에게 피해가 된다면 하지 않는 삶, 조금 덜 이익을 보고, 조금 덜 성공해도 함께 같이 가는 삶, 경쟁을 통해 남을 누르려고 하지 않고 단지 나에게 주어진 일에 최선을 다하는 삶을 살아야 될 줄 믿습니다.

청지기요 나그네로서의 삶

마지막으로, 하나님께서 안식년과 희년을 지키면서 토지와 재산을 돌려주라고 하셨는데, 그 이유가 무엇이라고 하셨습니까? 그것은 하나님이 땅과 재산의 주인이고 자신들은 단지 청지기임을 알게 하시고 또한 너희들이 우거하는 자(거류민)인 것을 깨닫게 하시기 위함이었다고 합니다(레 25:23). 하나님께서는 안식년과 희년을 통해 그것을 계속 되새김하며 기억하며 살기를 원하셨습니다. 왜 그렇습니까? 그것을 기억할 때 그들이 하나님께서 기뻐하시는 바른 삶을 살 수 있었기 때문입니다.

사랑하는 성도 여러분,

당시의 이스라엘이 7년 또는 50년이 지나면 모든 것을 원래의 주인에게 돌려주듯이, 우리도 때가 되면 우리가 가진 모든 것을 다 내려놓고 이 땅을 떠나야 합니다. 우리가 이 땅에서 복되고 의미 있는 삶을 살기 위해 항상 기억해야 할 것 가운데 하나는 우리가 가진 모든 것이 내 것이 아니요 나는 단지 관리자요 또한 언젠가 이 땅을 떠나야 하는 나그네라는 것입니다.

한국갤럽에서 조사한 결과를 보면, 한국인은 평소 죽음에 대해 거의 또는 전혀 생각하지 않는다는 응답이 43%나 된다고 합니다. 죽음에 대해 이처럼 무심한 경우는 우리나라를 제외하고는 찾기 힘들다고 합니다. 최근에 저는 소득의 거의 대부분을 사회에 기부하는 김장훈이라는 가수의 인터뷰를 본 적이 있습니다. 기자가 그에게 꿈이 무엇이냐고 물었습니다. 그는 이렇게 대답했습니다. "나의 꿈은 잘 죽는 것입니다. 그리고 잘 죽는다는 것은 하루하루 의미 있게 사는 것입니다." 저는 그분의 인터뷰를 보면서 젊은 분이 대단하다고 생각했습니다. 그가 그런 생각을 할 수 있었던 것은 자의로 그리고 타의로 많은 죽음의 고비를 넘겼기 때문이라고 합니다.

저는 우리 모두가 김장훈씨가 말하는 '잘 죽는 은혜'가 있기를 바랍니다. 좀 더 신앙적으로 표현하면, 주님 앞에 설 때에 후회 없는 삶, 주님 앞에서 조금이라도 덜 부끄러운 삶을 사시기를 바랍니다. 그것이 우리의 가장 간절한 소원이 되길 바랍니다. 그러면 우리는 좀 덜 이기적이고 좀 덜 경쟁적으로 살고 공동체 의식을 가지고 서로 돌아보며 살게 될 줄 믿습니다. 또한 하나님께서 우리에게 주신 물질, 재능, 능력으로 도움이 필요한 나른 사람들을 위해 살고 선한 일에 힘쓰는 삶을 살게 될 줄 믿습니다.

누가복음 16장에 보면, 소위 '불의한 청지기'의 비유가 나옵니다. 어떤 하인이 주인에게 잘못해서 쫓겨날 입장에 있었습니다. 그는 이제 마지막으로 선한 일을 하고자 그 주인에게 빚진 사람들을 불러서 빚을 탕감해 주었습니다. 그 때 그 주인이 그 종에게 착한 일을 했다고 칭찬하였다는 비유입니다. 예수님께서는 이 비유의 결론으로 "불의의 재물로 친구를 사귀라. 그러면 재물이 없어질 때 그들이 너희를 영원한 처소로 영접할 것"이라고 말씀하셨습니다. 여기에서 많은 사람들은 불의의 재물로 친구를 사귀라는 말씀의 의미에 대해서 궁금해 합니다. 여기에서 불의의 재물은 의롭지 못한 방법으로 취득한 재물을 의미하지 않습니다. 또한 재물 자체가 불의하다는 것을 의미하지도 않습니다. '불의의 재물'이 의미하는 것은 그 비유의 결론인 13절에서 찾아야 합니다. 13절에서 "집 하인이 두 주인을 섬길 수 없나니 혹 이를 미워하고 저를 사랑하거나 혹 이를 중히 여기고 저를 경히 여길 것임이니라 너희가 하나님과 재물을 겸하여 섬길 수 없느니라"고 말씀합니다. 불의의 재물은 하나님을 섬기는데 방해가 되는 의미로서의 그리고 의로우신 하나님과 반대되는 개념으로서의 재물을 의미합니다. 그러니까 너희에게 있는 재물은 하나님의 것인데 그것에 집착하거나 욕심 부리지 말고 청지기로서 그것을 가지고 선한 일을 하라는 것이 그 비유의 핵심입니다.

여러분, 자칫 하나님께서 우리에게 주신 재물과 능력과 은혜가 하나님을 온전히 섬기는데 방해가 되고 나그네 삶을 바람직하게 사는데 있어서 불의의 것이 될 수 있습니다. 우리는 그것이 불의의 것이 되지 않도록 해야 합니다. 대신 그것으로 친구를 사귀고 선한 일을 해야 합니다. 조금 과하다고 생각되지만 이것을 오늘 말씀과 연결하여 한 가지를 제안해 보겠습니다. 안식년(7년째)에 해당하는 수입을 사신을 위해서 관리히기나 저축하는 것이 아니라, 공동체를 위해서 그리고 다른 사람들을 위해 쓰는 것입니다. 물론 숫자적으로 정확하게 지킬 수 없다고 하다라도 우리 모두에게 그런 자세가 있었으면 좋겠습니다.

말씀을 맺겠습니다.

오늘 본문은 안식년, 안식일에 대해 말씀합니다. 우리는 너무 바쁘고 정신없이 살고 있고, 너무 개인주의적인 삶을 살고, 욕심이 가득하고, 경쟁에서 이기려고 하기 때문에 정신적으로 지친 삶을 살고 있습니다. 이러한 삶을 살고 있는 우리들에게 본문을 통해 세 가지를 적용하였습니다. '주일을 쉼과 예배로 구별되게 지키라.' '공동체 의식을 가지고 살아라.' '청지기요 나그네임을 기억하고 주님 앞에 설 때를 생각하여 선한 일에 힘쓰라.' 이 은혜가 우리 모두에게 임하기를 바랍니다.

출애굽기 23:14-33

더 큰 은혜와 복을 위해

하나님께서 이스라엘을 구원하신 다음에 그들의 신앙과 삶을 위해서, 좀 더 정확히 표현하면, 그들이 계속해서 더 큰 은혜와 복을 경험하도록 그들에게 필요한 지침들을 주셨습니다. 그것을 우리는 율법이라고 합니다. 그 가운데 여러 절기들이 있는데, 절기들도 역시 더 큰 은혜와 복을 경험할 수 있는 수단이요 통로였습니다. 지난 주에는 안식년, 희년, 그리고 안식일에 대해서 살펴보았습니다. 이 세 절기의 공통점은 '쉼'이었습니다. 사람도 짐승도 토지도 산술적으로 1/7을 쉬어야 한다는 것입니다. 그런데 안식일과 안식년과 희년은 단지 육체적으로 쉬는 절기만은 아니었습니다. 육체적 휴식과 함께 하나님께 예배를 드리면서 영적인 상태를 점검하고 영적인 에너지를 공급받는 절기였습니다. 저는 그것을 오늘날도 문자적으로 적용해야 한다고 믿습니다. 또한 안식년과 희년에 땅에서 자연스럽게 나는 곡식과 과일들은 땅 주인이 수확해서 거두는 것이 아니라 공동의 소유가 되었는데, 특별히 가난한 자들이 먹도록 하였습니다. 하나님께서는 이 제도를 통해 이스라엘이 자신들에게 주신 은혜와 복을 자신만 누리는 것이 아니라 이웃과 함께 나누며 살아야 한다는 것을 훈련시키고 교육시키셨습니다. 그리고 하나님께서는 안식년과 희년에 종들을 아무 조건 없이 놓아주고, 땅과 재산들을 원래의 주인들에게 돌려주라고 했습니다. 그것은 모든 것의 주인이 하나님이시고, 그들은 청지기요 나그네라는 사실을 늘 기억하며 살도록 하기 위함이었습니다. 왜냐하면 그것을 기억하며 살 때 그들이 하나님께 합당한 삶을 살고 하나님의 은혜와 복을 계속 누릴 수 있기 때문이었습니다.

삼대 절기

오늘 본문은 이스라엘이 매년 지켜야 할 삼대절기에 대해 말씀하고 있습니다. 14절과 17절을 보겠습니다.

너는 매년 세 번 내게 절기를 지킬지니라.
네 모든 남자는 매년 세 번씩 주 여호와께 보일지니라.

이스라엘 남자들은 의무적으로 일 년에 세 차례씩 하나님께서 지정한 곳인 예루살렘에 모여서 절기들을 지켜야 했습니다. 그것은 유월절, 맥추절, 그리고 수장절입니다(15-16절). 오늘 본문에는 짧게 말씀하고 있지만 율법을 보면 여러 곳에서 그 절기들에 대해서 자세하게 설명되어 있습니다. 그래서 오늘은 절기에 대한 율법 전체의 언급을 종합적으로 살펴보면서 은혜를 나누겠습니다. 15-16절입니다.

너는 무교병의 절기를 지키라. 내가 네게 명령한 대로 아빕월의

정한 때에 이레 동안 무교병을 먹을지니 이는 그 달에 네가 애굽에서 나왔음이라. 빈손으로 내 앞에 나오지 말지니라. 맥추절을 지키라 이는 네가 수고하여 밭에 뿌린 것의 첫 열매를 거둠이니라. 수장절을 지키라 이는 네가 수고하여 이룬 것을 연말에 밭에서부터 거두어 저장함이니라.

먼저, 무교병의 절기를 지키라고 합니다. 무교병의 절기는 유월절과 무교절을 말씀합니다. 이스라엘은 하나님께서 그들을 출애굽시키셨던 것을 기억하고 기념하기 위해 아빕월(또는 니산월: 오늘날의 3-4월) 14일 저녁부터 21일 저녁까지 유월절과 무교절을 지켜야 했습니다(출 12:18). 날 수로는 8일 간이지만 만으로는 7일 동안 이스라엘은 무교병의 절기를 지켜야 했습니다(참고. 신 16:8). 14일 저녁부터 그 다음날 아침까지 하루는 유월절을 지켰고, 나머지 6일 동안은 무교절을 지켰습니다. 그런데 이 두 절기는 연결되어 있기 때문에 성경을 보면 엄격히 유월절과 무교절을 구분하지 않고 유월절을 무교절에 포함시켜 언급하는 경우가 많고, 무교절을 유월절 절기에 포함하는 경우도 종종 있습니다(출 12:3-20, 13:3-8).

이때 이스라엘이 해야 할 일이 몇 가지 있었습니다.

무엇보다도 먼저, 그들은 무교병을 먹어야 했습니다. 무교병이란 누룩이 없는 떡을 말합니다. 이스라엘이 평상시에는 무교병을 먹지 않았는데, 유월절과 무교절에는 무교병을 먹었습니다. 이유는 크게 세 가지입니다. 먼저는 출애굽 당시 이스라엘이 급하게 무교병을 먹고 출애굽 했기 때문에, 그 구원 사건을 기념하기 위한 것이었습니다(출 13:3). 다음으로, 떡에는 누룩이 들어가야 제 맛인데, 누룩 없는 떡은 맛없는 음식을 상징합니다. 그러니까 이스라엘이 이 떡과 쓴 나물을 먹으면서(출 12:8) 애굽에서의 고난과 어려움을 기억하도록 하기 위함이었습니다. 그래서 신명기 16:3에서는 이 무교병을 '고난의 떡'이라고 불렀습니다. 세 번째로, 신약을 보면 누룩은 위선(눅 12:1, 마 16:5-12)과 죄(고전 5:8)를 의미하였습니다. 그러니까 무교병을 먹은 것은 정결한 마음과 자세로 이 절기를 지켜야 한다는 것을 상기시키기 위함이었습니다.

그리고 이때는 장자, 짐승들의 초태생 그리고 첫 열매(이 때가 첫 수확을 하던 때였습니다)를 하나님께 드려야 했습니다. 그것은 하나님께서 이스라엘을 출애굽 시키시면서 애굽을 심판할 때 그들의 장자와 짐승의 초태생을 살려주셨기 때문입니다. 이것 역시 출애굽 당시의 하나님의 은혜를 기억하도록 하기 위함이었습니다.

다음으로 맥추절을 지키라고 했습니다. 맥추절은 말 그대로 보리 수확에 감사하는 절기였습니다(맥추의 초실절-출 34:22). 당시 이스라엘은 유월절과 맥추절 사이에 보리와 밀을 추수했는데, 그 수확의 시기에 맞추어서 하나님께 감사의 절기를 지키라는 것입니다. 그런데 성경에 보면 맥추절은 다양하게 표현되어 있습니다. 그 해의 첫 번째 수확을 감사하는 절기이기에 초실절이라고도 하고, 유월절이 지난 다음 50일 만에 지키는 절기이기에 오순절이라고도 하고, 또는 유월절 후 일곱 째 주일이 지난 다음에 지키는 절기이기에 칠칠절이라고도 하였습니다. 이때는 하루 만 지켰습니다.

그리고 수장절을 지키라고 했습니다. 수장절(收藏節:거둘 수, 감출 장)은 일 년 동안 수고한 모든 곡식(이 때는 포도와 올리브를 추수하는 시기였습니다)을 거두어서 저장하는 절기였습니다(The Harvest Festival). 또한 이때는 40년 동안의 광야 생활을 기념하기 위해서 밖에서 일주일 동안 장막을 치고 지내는 절기였기 때문에 장막절 또는 초막절이라고도 하였습니다.

신약시대에 사는 우리에게는?

그러면 이러한 절기들을 주신 하나님의 의도가 무엇이고, 오늘날 우리에게 주는 의미와 교훈은 무엇인지 함께 살펴보겠습니다.

먼저, 우리가 생각해야 할 것은 '이 세 절기가 신약시대에 사는 우리와 어떤 관계가 있느냐?' 는 것입니다. 다시 말해, 신약에 사는 우리가 이러한 절기들을 지켜야 하느냐 또는 지키지 않아도 되느냐는 것입니다. 잘 알고 있는 것처럼, 유월절은 유월절 어린양이신 예수님의 십자가와 부활로 성취 또는 완성되었습니다. 우리가 부활절을 기념하여 지키기 때문에 더 이상 유월절을 문자적으로는 지킬 필요가 없습니다.

그러면 맥추절과 수장절은 어떻습니까? 맥추절과 수장절은 오늘날 우리가 지켜야 되나요? 아니면 지키지 않아도 되나요? 오늘날 우리나라의 대부분의 교회가 7월 첫 주를 맥추감사주일로 그리고 11월 셋째 주를 추수감사주일로 지키고 있습니다. 우리 교회도 그렇게 지키고 있습니다. 하지만 어떤 분들은 맥추감사절과 추수감사절의 필요성에 대해서 문제를 제기하면서 더 이상 이 두 절기를 지킬 필요가 없다고 주장합니다. 그 이유는 크게 두 가지입니다. 어떤 분들은 요즈음 대부분의 사람들이 농사와 별로 상관없이 도시에서 살고 있기 때문에 맥추감사절이나 추수감사절은 시대착오적인 절기 또는 우리에게 현실적인 의미가 없는 절기라고 합니다. 또한 어떤 분들은 추수감사절은 미국에서 들어왔기 때문에 추석을 지키는 우리나라에는 적절하지 않다고 합니다. 혹시 우리 가운데도 그렇게 생각하는 분들이 계실지 모르겠습니다.

하지만 우리와 같이 도시에 사는 현대인은 농사와 관계가 없기 때문에, 또는 추수감사절이 미국에서 유입된 것이기 때문에 지킬 필요가 없다고 주장하는 것은 옳지 않습니다. 그것은 맥추감사절기와 추수감사절기의 본질 또는 핵심을 잘 몰라서 하는 이야기입니다. 물론 시기적으로 보면 오늘날 우리가 지키고 있는 맥추감사절은 맥추절과 관계되어 있고, 가을에 지키는 추수감사절은 수장절과 관계되어 있습니다. 그런데 맥추절이나 수장절이 단순히 추수에만 관련된 절기가 아닙니다. 또한 우리가 지키고 있는 추수감사절의 시기와 방법은 미국에서 영향 받은 것이 사실이지만 추수감사절의 근원이 미국에 있지 않고 성경에 있습니다.

성경을 보면, 이스라엘이 그러한 절기를 지켜야 할 이유는 세 가지였습니다. 먼저, 지난주에 보았던 안식일, 안식년 그리고 희년도 마찬가지지만 이스라엘이 지키는 모든 절기는 일차적으로 구원과 관련하여 하나님께서 그들에게 베푸셨던 은혜를 인정하고 감사하며 되새김하는 때였습니다. 유월절과 무교절은 말할 것도 없고, 신명기 16:12을 보면 맥추절을 지키면서도 이스라엘이 애굽에서 종되었던 것을 기억해야 한다고 하셨습니다. 장막절도 마찬가지입니다. 이 절기도 단순히 추수를 감사하는 절기가 아니었습니다. 이 때에 이스라엘은 밖에서 텐트를 치고 일주일 동안 지내면서 과거에 구원의 과정에서 자신들에게 베푸신 은혜를 감사하면서 되새김해야 했습니다.

다음으로, 맥추절이나 수장절을 지키는 직접적인 이유는 수확에 대한 감사였습니다. 그러나 수확 자체는 이차적인 문제였습니다. 그 수확이 그들의 삶과 생명을 지켜주는 것이었기에, 그것은 일 년 동안 또는 반년 동안 그들의 삶 전체를 지켜주심에 대한 감사였다고 할 수 있습니다. 그러니까 이 절기들을 지키는 것은 구원하신 은혜뿐 아니라 지금도 여전히 지켜주시고 인도하시는 은혜에 대한 감사의 표현이었습니다.

세 번째로, 안식년과 희년도 그렇지만 이스라엘이 지켜야 하는 모든 절기는 단순히 자기들만 감사하고 즐기는 절기가 아니라 모든 공동체가 함께 즐기며 서로의 기쁨을 나누는 절기였고 어려운 이웃을 돌보는 절기였습니다. 맥추절과 수장절도 마찬가지입니다.

정리하면, 맥추절과 장막절의 근본정신 또는 본질은 무엇입니까? 하나님께서 왜 그 절기들을 지키라고 하셨습니까? 그것은 단순히 농산물의 수확에 대해 감사하는 절기가 아니었습니다. 구원과 그 구원의 과정에서 하나님께서 베푸신 은혜에 감사하며 되새김하는 절기였고, 지금도 지켜주신 하나님의 사랑과 은혜를 인정하고 감사하는 절기였고, 또한 하나님께 받은 사랑과 은혜를 이웃에게 나누는 절기였습니다.

그러한 감사절기의 정신과 핵심을 미국의 청교도들이 잘 이어받았습니다. 그들이 처음으로 감사절을 지켰던 이유는 단지 추수에 대한 감사가 아니었습니다. 그것은 먼저 하나님께서 그들에게 주신 신앙의 자유 때문에 드려졌던 감사였습니다. 102명의 청교도들은 신앙의 자유를 찾아서 배(메이플라워호)를 타고 미국으로 갔는데 가는 도중 추위와 병고와 배고픔으로 46명이 죽고 나머지가 그 곳에 도착했습니다.

그곳에 도착한 사람들이 그곳에서 누리는 신앙의 기쁨이 이루 말 할 수 없었습니다. 또한 지금까지 여러 가지 어려움 속에서 그들을 지켜주시고 인도하셨던 것에 대해서 감사하는 마음도 컸습니다. 그래서 수확의 때를 맞추어서 그 감사를 표현하였던 것입니다. 뿐만 아니라 그들은 이 절기를 통해서 자기들에게 베푸신 하나님의 은혜를 다른 사람들에게 나누어 주었습니다. 청교도들이 미국 대륙에 도착하였을 때, 그곳의 토착 주민들인 인디언들과 많은 마찰이 있었습니다. 그런데 그 절기에 그들을 초청해서 농사짓는 법을 가르쳐주고 서로 화해하고 화합의 자리를 마련했습니다. 그들은 성경에서 말씀하는 감사절의 본질에 충실했던 것입니다.

그러니까 오늘날 우리는 농사와 상관없는 도시 문화권에 살기 때문에 또는 그것이 미국에서 시작되었기 때문에 맥추절과 추수감사절을 지키지 말아야 한다고 하는 주장이 옳은가요? 아니면 잘못된 것인가요? 당연히 잘못된 것이죠!

더 큰 은혜와 복을 경험하도록

다음으로 우리가 생각할 것은 하나님께서 그러한 절기들을 지키도록 명령한 이유가 무엇이냐는 것입니다. 그것은 이스라엘이 계속해서 더 큰 은혜와 복을 누리기 위해 유익하고 필요하였기 때문이었습니다. 지난주에 함께 생각하였던 안식일, 안식년, 희년도 마찬가지지만 이스라엘이 지켜야할 모든 절기들은 하나님의 은혜와 복을 계속 누리도록 하기 위한 일종의 '선물'이었습니다. 이 절기들도 마찬가지입니다. 특별히 하나님께서는 무교절에 일주일 동안 무교병과 쓴 나물을 먹으면서 그 절기를 지키라고 했고, 장막절에는 일주일 동안 밖에서 장막을 치고 지키라고 하셨습니다. 왜 그렇게 명령하셨을까요? 그렇게 함으로 이스라엘이 하나님께서 그들에게 베푸신 은혜를 인정하고 감사하고 되새김할 수 있었기 때문이었습니다. 요약하면, 그것은 그들로 하여금 배은망덕한 삶을 살지 않도록 하는 일종의 제도적 장치였던 것입니다.

이것은 오늘날 우리도 마찬가지입니다. 우리 인간은 누구나 약합니다. 제도적인 장치 없이 가만히 놓아두면 우리는 잘못될 가능성이 많습니다. 스스로 인정하고 교만하며 배은망덕할 가능성이 아주 높습니다. 성찬식도 마찬가지지만 정기적으로 부활절, 성탄절 그리고 감사절을 지키면서 하나님께서 우리에게 베푸신 구원과 지금까지 인도하심에 대한 은혜에 감사하고 되새김하는 것은 우리에게 절대적으로 필요하고 유익합니다. 그러한 절기들은 우리 자신을 돌아보고 하나님께 더 합당한 삶을 살게 하는 기회가 될 것입니다.

빈손으로 나오지 말라

그런데 중요한 것은 절기들을 의무적으로 지키는 것이 아니라 본질에 합당하게 제대로 지키는 것입니다. 그러면 절기를 온전히 지키기 위해서 우리에게 필요한 것은 무엇입니까? 무엇보다도 먼저는 지금까지 말씀드렸던 것처럼 구원의 은혜와 지금까지 지켜주신 은혜에 감사한 마음입니다. 그런데 성경을 보면 두 가지가 더 추가 됩니다.

하나는 오늘 본문 15절에 보면, 빈손으로 나오지 말라고 하셨습니다. 이 말씀은 절기에 대해서 언급할 때 자주 강조되는 것입니다 (참고. 출 34:20; 신 16:16-7). 쉽게 이야기하면 하나님께 대한 감사가 실제적이고 구체적으로 표현되어야 한다는 것입니다. 누가복음 17장을 보면, 예수님께서 열 명의 나병환자를 고치신 사건이 나옵니다. 당시의 나병환자는 하나님께 저주 받은 자로 생각되어서 사회적으로 격리되어 살았습니다. 그런데 예수님께서 지나가신다는 말을 듣고 용기를 내어 예수님께 나아와 불쌍히 여겨 달라고 간절히 간구하였습니다. 그 때 주님께서 제사장에게 몸을 보이라고 하였습니다. 왜냐하면 당시에는 제사장에게 보여서 확인되어야만 다시 사회로 복귀될 수 있었기 때문입니다. 그들이 가는 도중에 자기들의 병이 나은 것을 발견하였습니다(14절).

그런데 10명 가운데 오직 한 명만이 다시 돌아와 하나님께 영광을 돌리고 예수님께 나와서 감사를 표시하였습니다(15-16절). 그것을 보시면서 예수님은 섭섭함을 드러내십니다(17절). 당시에 그들이 나병에서 고침을 받은 것은 오늘날 사형선고를 받은 사람이 사면되는 것과 같은 또는 병원에서 사망선고를 받은 사람이 치유되는 것과 같은 큰 기쁨의 일이었습니다. 조금 전에 말씀드린 대로 당시에 나병환자는 하나님께 벌 받은 사람으로 인식되었고 사회적으로 격리되어 살았는데 병에서 낫게 되면 모든 자격과 권리가 회복되는 것이었습니다. 그런데 그렇게 큰 은혜를 받고도 주님께 와서 감사를 표현한 사람은 열 명 가운데 한 사람밖에 없었던 것입니다. 그 사람은 또한 사마리아 인이었습니다. 당시의 사마리아인들은 혼혈족으로 사람 취급을 받지 못하고 이스라엘 사람들에게도 냉대를 받았던 사람들이었는데 그 사람만 예수님께 나와서 감사를 표시하였던 것입니다. 예수님께서는 이 이방인외에 하나님께 영광을 돌리러 온 사람은 없느냐고 탄식하시면서 "네 믿음이 너를 구원하였다"고 말씀하십니다(18-19절). 또한 직접 예수님께 나아와 감사를 표현한 사람을 믿음의 사람으로 칭찬하셨습니다(19절). 즉, 감사의 표현을 믿음의 크기와 온전함을 가늠할 수 있는 척도로 여기신 것입니다.

저는 이 말씀이 오늘날 우리의 모습을 잘 보여준다고 생각합니다. 오늘날 우리도 아무런 자격이 없지만 우리 예수님의 전적인 은혜로 구원을 받았습니다. 그래서 너그네 길 인생 살아가면서 그 주님을 의지하며 살고 있고, 아무런 소망이 없었지만 우리 주님으로 말미암아 영광스러운 소망을 가지고 살고 있습니다. 뿐만 아니라 매일 매일 눈동자처럼 지키시고 돌아보시고 인도하시는 주님의 은혜를 경험하며 살고 있습니다. 그럼에도 불구하고 본문의 아홉 명의 사람과 같이 온전한 감사를 표현하지 못하고 있고, 감사도 점점 약화되고 있는 것 같습니다.

한 가지 예를 들어보겠습니다. 예전의 성도들은 교회당을 짓기 위해 반지나 귀중품을 팔아 헌금하기도 하고, 집을 사기 전에 먼저 교회당을 건축해야 된다고 생각하는 사람들도 있었습니다. 그리고 그것을 감사하고 영광스럽게 생각하였습니다. 물론 이것이 반드시 옳은 것인지에 대해서는 논의의 여지가 있습니다. 그러나 그 마음은 참으로 귀한 것이었습니다. 그런데 요즈음은 사람들이 개척 교회는 가지 않습니다. 부담이 되기 때문입니다. 물질적으로도 과거보다 훨씬 풍성해졌는데 감사를 표현하는 경우와 자세는 갈수록 약화되는 것 같습니다. 이러한 우리들의 모습을 보면서 하나님께서 안타까워하시고 섭섭해 하실 것 같습니다. 우리가 자녀들을 키우면서 경험하는 것은 생일이나 어버이날에 자녀들이 부모님에 대한 감사를 인정하고 표현할 때 참으로 기쁘고 대견하게 보이는 일입니다. 그리고 그 때 자녀들이 선물로 준 것보다 더 많은 것을 되돌려 주고 싶습니다. 저는 하나님도 마찬가지라고 믿습니다.

사랑하는 성도 여러분,

저는 우리 모두가 범사에 특히 오늘날 우리가 지키는 부활절, 맥추절, 추수감사절 그리고 성탄절을 지키면서 자격이 없는 우리를 구원하신 하나님의 은혜와 지금까지 지켜주신 하나님의 은혜에 대해 온전히 감사를 표현하는 자들이 되기를 간절히 바랍니다. 입술 뿐 아니라 물질로도 표현하시기를 바랍니다. 왜냐하면 예수님께서 말씀하신 것처럼 마음이 있는 곳에 물질이 있기 때문입니다.

온전한 감사를 표현하기 위해

그런데 오늘 본문을 보면 하나님께 대한 감사를 온전히 표현하기 위한 몇 가지를 구체적으로 제시하고 있습니다. 18-19절입니다 (참고. 출 34:25-26).

너는 네 제물의 피를 유교병과 함께 드리지 말며 내 절기 제물의 기름을 아침까지 남겨두지 말지니라. 네 토지에서 처음 거둔 열매의 가장 좋은 것을 가져다가 너의 하나님 여호와의 전에 드릴지니라. 너는 염소 새끼를 그 어미의 젖으로 삶지 말지니라.

유교병과 함께 드리지 말라는 것(즉, 누룩이 없어야 한다는 것)은 죄가 없는 깨끗한 마음과 삶으로 드리는 정결한 제사를 드려야 함을 의미합니다. 제물의 기름을 아침까지 남기지 말라는 것은 하나님께 드리는 성물을 경홀히 취급하지 말라는 것을 의미합니다. 다시 말해, 정성을 다하는 제사여야 한다는 것입니다. 첫 예물을 드려야 한다는 것은 가장 귀한 것으로 드리라는 것을 의미합니다. 염소새끼를 그 어미의 젖으로 삶지 말라는 것은 이방인의 제사 의식이 들어오지 못하도록 하라는 것입니다. 오늘날 우리에게 적용하면 무당이나 샤머니즘에서 하는 것처럼 받으려고 드리는 것이 아니라 온전히 감사함으로 드려야 한다는 것입니다.

또 한 가지 중요한 것이 신명기에 있습니다. 신명기 16:16-17입니다.

> 너의 가운데 모든 남자는 일 년에 세 번 곧 무교절과 칠칠절과 초막절에 네 하나님 여호와께서 택하신 곳에서 여호와를 뵈옵되 빈손으로 여호와를 뵈옵지 말고, 각 사람이 네 하나님 여호와께서 주신 복을 따라 그 힘대로 드릴지니라.

하나님께서 주신 복을 따라 그 힘대로 하라고 하셨습니다. 율법을 보면, 하나님께 예물을 드리라고 하실 때 모두에게 똑같은 가치의 예물을 드리도록 한 것이 아니라 여러 가지 예물 중에서 선택하도록 하였습니다. 예를 들어, 번제를 드릴 때에 소나 양이나 비둘기 중에서 드리라고 하였습니다. 이것은 자신의 형편에 맞추어서 최선을 다해 예물을 드리라는 것을 의미합니다. 사실 오늘날 우리 대부분의 생활이 쉽지는 않습니다. 물가도 비싸고 아이들 교육시키는 비용도 만만치 않습니다. 그런데 하나님께서는 모든 사람에게 똑같은 것을 요구하지 않으시고, 우리가 처한 상황에서 최선을 다하기를 원하십니다.

이웃을 향한 사랑

다음으로 이 절기에 하나님께 감사를 표현하는 것과 함께 꼭 해야 할 것은 하나님께서 우리에게 주신 은혜를 이웃에게도 나누는 것입니다. 신명기 16:11-12입니다.

> 너와 네 자녀와 노비와 네 성중에 있는 레위인과 및 너희 중에 있는 객과 고아와 과부가 함께 네 하나님 여호와께서 자기의 이름을 두시려고 택하신 곳에서 네 하나님 여호와 앞에서 즐거워할지니라. 너는 애굽에서 종 되었던 것을 기억하고 이 규례를 지켜 행할지니라.

조금 전에 말씀드린 것처럼 율법의 모든 절기는 하나님께 대한 감사의 표현과 함께 반드시 이웃에 사랑을 표현해야 했습니다. 그것은 구원받은 자 그리고 하나님의 은혜를 경험하는 사람에게 당연히 나타나야 할 삶이었습니다(12절). 물론 이 부분에 대해서 우리 교회 전체적으로 그리고 개인적으로 탁월하게 잘 하고 있습니다. 그러나 중요한 부분이기에 다시 한 번 말씀을 드리지 않을 수 없습니다.

누가복음 19장의 삭개오를 보십시오. 구원의 은혜를 체험한 다음에 그가 어떤 고백을 했습니까? 소유의 절반을 떼어 가난한 사람에게 주겠다고 했습니다. 하나님께서 자신에게 주신 것으로 이웃에게 선을 행하는 것은 구원받은 사람에게 당연히 나타나야 하는 결과입니다. 만약 그런 삶을 살지 못한다면 무언가 문제가 있는 것입니다.

저는 오늘날의 우리의 모습이 마치 예수님을 찾아간 부자 청년 같다는 생각이 듭니다. 그는 예수님께 나아와서 "어떻게 하여야 영생을 얻으리이까?"라고 물었습니다. 그 때 예수님께서 "네가 가진 모든 재물을 가난한 사람들에게 나누어주고 나를 따르라"고 하셨고, 그는 근심하고 돌아갔습니다. 그것은 물질이 그 사람의 아킬레스건이었기 때문입니다. 오늘날 사람들도 물질에 대한 집착 때문에 하나님께 온전한 물질도 드리지 못하고 이웃에 대한 사랑도 제대로 실천하지 못한 것 같습니다.

우리는 석유 왕으로 불렸던 록펠러라는 사람을 잘 알고 있습니다. 그는 55세에 불면증과 스트레스 때문에 머리가 빠지고 눈썹도 빠지고 몸이 말라가는 '알로피셔(alopecia)'라는 불치병을 얻게 되었습니다. 그것은 오직 돈 버는 데에만 집착하였기 때문에 생긴 것이었습니다. 의사는 그가 1년도 넘지 못해 죽을 것이라고 선언했습니다. 그런데 어느 날 검진을 위하여 병원을 방문했는데, 병원 로비에 걸린 액자를 보았습니다.

주는 자가 받는 자보다 복이 있다.

이 글을 보는 순간 마음속에 전율이 흐르고 눈물이 하염없이 흘러내렸습니다. 왜냐하면 자기가 그렇게 살지 못했기 때문입니다. 잠시 후 시끄러운 소리가 나기에 나가보았더니 입원비가 없는 어느 환자의 어머니가 울면서 입원을 애원하고 있었습니다. 록펠러는 비서를 시켜 아무도 모르게 병원비를 지불하였습니다. 얼마 후 은밀히 도움을 받은 소녀가 기적적으로 회복하자 이를 조용히 지켜본 록펠러는 얼마나 기뻤던지 그의 자서전에 이렇게 썼습니다. "나는 살면서 이렇게 행복한 삶이 있는지 몰랐다." 그때부터 그는 나눔의 삶을 살기로 결심했다고 합니다. 하나님께 물질을 드리고 교회를 세우는 등 하나님께 온전한 물질을 드렸고, 록펠러 재단을 만들어 가난한 사람을 돕는 의료 사업에 모든 재산이 쓰이도록 했습니다. 그와 같이 물질에 대한 태도가 바꾸어진 다음에 그의 병도 감쪽같이 사라졌습니다. 그는 98세까지 살면서 이렇게 회고합니다.

인생 전반기 55년은 쫓기며 살았지만, 후반기 43년은 행복하게 살았다.

여러분, 이것이 하나님의 법칙입니다. 사실 우리의 삶이 힘든 이유 가운데 하나는 너무 욕심을 부리고 가지고 모으려고만 하기 때문일 때가 많습니다.

저는 우리 모두가 하나님께서 우리에게 명령하신 절기들을 온전히 지키기를 원합니다. 우리 개신교회가 지키고 있는 절기는 크게 4개입니다. 그러한 절기들을 온전히 지키기 위해서 먼저는 구원에 대한 감사와 먹고 사는 것을 포함하여 일 년 동안 지켜 주신 것에 대한 감사가 있어야 합니다. 그리고 그것이 표현되어야 합니다. 또한 하나님께 받은 사랑이 이웃에 대한 사랑으로 나타나야 합니다. 그때 우리는 더 큰 은혜와 복을 경험하게 될 줄 믿습니다.

무엇보다도 중요한 순종

그런데 절기를 지키는 것보다 더욱 중요한 것이 있습니다. 그것이 본문 20-33절에 언급되어 있습니다. 20-33절은 절기에 대한 말씀의 결론일 뿐 아니라 십계명과 언약서의 결론이기도 합니다. 20-33절을 간단히 정리하면, 그들이 하나님 말씀에 절대적으로 순종해야 함을 말씀하십니다. 하나님께서 그 땅에 들어가게 하실 것인데 만약 이스라엘이 순종한다면 더 큰 은혜와 복을 누리게 되지만, 만약 불순종하면 진노와 처벌이 기다리고 있을 것이라고 하십니다. 사실 절기를 지기고 안 지키고 하는 것보다 더욱 중요한 것은 하나님과 하나님의 말씀에 순종하는 것입니다. 이것은 절대불변의 하나님의 법칙입니다. 그래서 예수님께서 산상수훈을 말씀하신 다음에도 같은 말씀을 하셨습니다. 말씀을 듣고 행하지 않으면 지금 누리고 있는 은혜는 사상누각이 될 것이고, 순종할 때 지금 누리고 있는 은혜와 복을 더욱 풍성하게 누릴 수 있다는 것입니다.

사랑하는 성도 여러분,
지금 우리 앞에는 두 갈래의 길이 있습니다. 하나는 더 큰 은혜의 길이고 다른 하나는 징계의 길입니다. 그것은 하나님과 하나님의 말씀을 순종하느냐 아니면 불순종 하느냐에 따라 결정됩니다.

저는 우리 모두가 온전히 순종함으로 지금 보다 더 큰 은혜와 복을 경험할 수 있기를 간절히 바랍니다.

말씀을 맺겠습니다.

오늘 본문은 이스라엘이 지켜야 할 소위 3대 절기에 대해서 말씀하고 있습니다. 그것은 무교병의 절기, 맥추절, 그리고 수장절입니다. 하나님께서는 그러한 절기들을 통해 구원과 그 구원의 과정에서 하나님께서 베푸신 은혜에 감사하며 되새김하고, 지금도 지켜주신 하나님의 사랑과 은혜를 인정하고 감사하며, 또한 하나님께 받은 사랑과 은혜를 이웃에게 나누도록 하셨습니다. 그러니까 그 절기들은 하나님께서 주시는 은혜와 복을 더욱 풍성하게 누릴 수 있게 하는 제도적 장치였습니다. 우리도 같은 자세와 태도로 절기들을 지켜야 할 줄 믿습니다. 그러면서 결론으로 하나님 말씀에 대한 순종이 그 무엇보다도 중요함을 강조합니다. 하나님과 하나님의 말씀에 온전히 순종하는 우리가 되기를 바랍니다.